ÉVALUATION DES CANAUX DE TRANSMISSION DE LA POLITIQUE MONÉTAIRE CONGOLAISE

Jean Bosco KAOMBA MUTUMBA

ÉVALUATION DES CANAUX DE TRANSMISSION DE LA POLITIQUE MONÉTAIRE CONGOLAISE

L'Harmattan

5-7, rue de l'École-Polytechnique ; 75005 Paris

www.editions-harmattan.fr

ISBN : 978-2-343-19569-8
EAN : 9782343195698

LISTE DES SIGLES ET ABREVIATIONS

1. BCC : Banque Centrale du Congo.
2. BCE : Banque Centrale Européenne.
3. BM : Banque Mondiale.
4. BTR : Billet de Trésorerie.
5. CDF : Congo Démocratique Franc.
6. CEMAC : Communauté Economique et Monétaire des Etats de l'Afrique Centrale.
7. CT : Court Terme.
8. DTS : Droit de Tirages Spéciaux.
9. FCP : Fonds Communs de Placement.
10. FED : Federal Reserve Bank.
11. FMI : Fonds Monétaire International.
12. IDE : Investissement Directs Etrangers
13. IS-LM : Relation des Combinaison du taux d'intérêt et la production des biens et services ainsi que l'ensemble des combinaisons du taux d'intérêt qui assurent l'équilibre sur le marché de la monnaie et des titres à l'offre de monnaie constante.
14. LT : Long Terme.
15. M1 : Pièce + Billes + dépôt à vue (agrégat monétaire étroit défini comme la somme de la monnaie fiduciaire composé des billets et pièces en circulation qui sont couramment utilisés dans les transactions pour effectuer les paiements et les dépôts à vue.
16. M2 : M1 + Dépôt à terme + CODEVI + CEL (agrégat monétaire intermédiaire qui comprend en plus de l'agrégat M1, les dépôts à terme d'une durée inférieure ou égale à deux ans ainsi que les dépôts remboursables avec préavis inférieur ou égal à trois ans).

17. M3 : M2 + effet de pension + OPCVM monétaire + créances inférieures ou égales à 2 ans (agrégats monétaire large qui est la somme de M2 et instruments négociables tels que les titres d'organismes de placement collectif monétaires ou des valeurs mobiliers, les instruments du marché monétaire ou les titres des créances émis par les institutions financières monétaires d'une durée inférieure ou égale à deux ans).
18. MT : Moyen Terme.
19. OCDE : Organisation de Coopération et de Développement Economique.
20. OPCVM : Organisation de Placement Collectif de Valeurs Mobilières.
21. PEG : Programme Economique du Gouvernement.
22. PGF : Production Globale des Facteurs.
23. PIB : Produit Intérieur Brut.
24. PIR : Programme Intérimaire Renforcé.
25. PNB : Produit National Brut.
26. PPTE : Pays Pauvre Très Endettés.
27. RDC : République Démocratique du Congo.
28. SWAC : Société d'investissement à Capital Variable.
29. TPM : Taux du Prêt Marginal.
30. TRD : Taux de Rémunération des Dépôts.
31. TVA : Taxe sur la Valeur Ajoutée.
32. USD : United State Dollar.
33. VAR : Model Vectoriel Autorégressif.

RESUME DU TRAVAIL

Cette étude évalue les processus par lequel la politique monétaire en République Démocratique du Congo influence le secteur réel.

Elle a pour objectif d'identifié et analyser les effets des décisions de politiques monétaire sur l'activité économique (inflation et croissance économique).

Après avoir identifié les canaux du taux d'intérêt, du taux de change et de crédit, la méthode statistique de moindre carré ordinaire à deux séries variables, nous a conduits aux résultats suivants : « les canaux de transmission de la politique monétaire sont faibles et ont des effets différenciés. Le canal du taux d'intérêt est inopérant, les chocs de la masse monétaire ont des effets significatifs sur l'inflation à moyen terme, le processus de transmission s'affaiblit d'année en année avec une concentration croissante du secteur bancaire, un climat des affaires de plus en plus incertain et un régime monétaire de plus en plus opaque. En effet la politique monétaire a un impact très limité sur les variables financières et réelles à cause du cadre macroéconomique dans lequel elle opère. Un assainissement du climat des affaires et un développement du système financier sont impératifs.

Nos résultats restent robustes au changement de l'ordre des variables et même à l'exclusion de certaines variables du modèle.

INTRODUCTION GENERALE

La situation économique de la République démocratique du Congo (RDC) se distingue nettement de celle des autres pays d'Afrique au regard du contraste existant entre l'ampleur de la crise et les immenses potentiels du pays. L'environnement macro-économique actuel la République démocratique du Congo est caractérisé par une basse conjoncture qui a pour conséquence l'augmentation des prix intérieurs des biens et services, la dépréciation monétaire, la diminution du pouvoir d'achat de la population, la précarité des conditions économiques sur le marché des biens et services et surtout sur le marché financier. Les activités financières congolaises évoluant dans cette conjoncture économique sont confrontées à plusieurs problèmes de gestion :le non-remboursement potentiel ou total des crédits, la diminution considérable de la valeur des dépôts, libellés en monnaie locale, l'augmentation du taux de change et du taux d'intérêt, les fluctuations des valeurs des créances et des dettes, d'où un risque financier très élevé dont les conséquences peuvent être exprimées en unité monétaire.

Bref, nos pays en développement seraient prudents sur la vérification de leurs équilibres, sur tous les marchés en général, sur la demande de monnaie et les variables fondamentales en particulier. L'importance de la volatilité observée de la masse monétaire pour la détermination de la demande de monnaie du revenu national, le taux d'intérêt, l'indice de prix et le taux de change, posent de manière récurrente le problème de la détermination d'un niveau de référence ou d'équilibre.

La situation économique de la République Démocratique du Congo (RDC) durant la période de notre étude allant de 2003 à 2012 laisse apparaître le constat suivant :

- La politique monétaire congolaise a enregistré des résultats satisfaisants (taux d'inflation en baisse) dans un contexte marqué par une croissance positive de l'économie (taux de croissance orientés vers la hausse, passant de 5,8% à 7,2%).
- Concomitamment, le taux d'intérêt directeur a évolué vers la baisse, atteignant le niveau historiquement le plus bas, car il est passé de plus de 8,00% en 2003 à 4,00% à fin 2012.
- Sur cette même période, le taux de change a augmenté avant de se stabiliser passant de 405 CDF en 2003 à 915 FC à fin 2012.
- S'agissant du canal de crédit, ce dernier a manifesté un comportement allant vers la hausse, soit 14% en 2003 et 22,51% fin 2012.

Comment pouvons-nous interpréter les évolutions contrariées de ces trois variables, à savoir le taux d'intérêt tendant vers la baisse, le taux de change orienté vers la hausse puis la stabilisation, et le taux de créditallant vers la hausse, Compte tenu des canaux de transmission qu'elles représentent, il y a nécessité de procéder à une évaluation de ces canaux pour expliquer le contexte dans lequel les résultats de la politique monétaire ont atteint l'économie réelle.

Plusieurs auteurs ont abordé ce thème dans le passé sur les canaux de transmission de la politique monétaire. Nous présentons quelques auteurs dans le paragraphe ci-dessous :

➢ Tobin (1995) cherche à discuter du rôle des variables monétaires dans la détermination du degré d'intensité du capital dans une économie, il utilise un modèle agrégé notamment et montre que la monnaie est capable d'influer sur le niveau d'activités en modifiant le portefeuille des ménages. Si jamais le pouvoir d'achat de la monnaie diminue sous l'effet de l'inflation, alors les agents vont préférer détenir des actifs réels dans leurs portefeuilles, ce qui va se traduire par une augmentation de l'investissement et donc une croissance plus forte. Tobin (1999) utilisant une approche en équilibre général montre que la politique monétaire affecte la demande agrégée principalement à travers la modification de la valeur du capital physique en rapport avec son coût de remplacement.

- Sarret Dingui(2000)ont travaillé sur le mécanisme de transmission de la politique monétaire en Côte d'Ivoire en utilisant un modèle vectoriel autorégressif (VAR) avec sept variables dont le taux d'escompte, le taux débiteur réel des banques, la masse monétaire, le crédit à l'économie, le PIB réel, l'indice des prix à la consommation et l'investissement privé. Les données utilisées dans leurs études sont issues des statistiques monétaires et de celles de l'activité réelle sur base annuelle. Les tests d'intégration ont permis de détecter les ruptures structurelles dans les données. Les résultats obtenus montrent que les impulsions monétaires sont transmises à la sphère réelle via le taux d'intérêt débiteur des banques. Un choc monétaire de 1% entraîne une augmentation de l'activité réelle de 0,2%.

- Sidrauski(2000) a abouti à la neutralité de la monnaie sur le niveau et l'évolution du PIB. Il suppose que la monnaie entre dans la composition de la fonction d'utilité des ménages, car elle fournit un flux de services issus de sa détention. La monnaie, dans ce cas, n'aurait aucun effet ni à court terme ni à long terme, car elle ne serait pas susceptible d'influer sur le niveau de l'évolution du PIB.

- Deboissieu (2002) souligne que le canal de crédit n'est pas en général indépendant du canal du taux d'intérêt et tous les deux jouent dans le même sens pour renforcer l'impact de la politique monétaire.

- MC Kinnonet Shaw (2003), allant à l'encontre de ce raisonnement ont montré que des niveaux de taux d'intérêt bas ne favorisent pas l'accumulation du capital et la croissance économique. En effet, des taux d'intérêt faibles peuvent stimuler la demande d'investissement. Toutefois, du fait de leurs niveaux assez-bas, ils ne peuvent pas susciter l'épargne nécessaire en vue de satisfaire cette nouvelle demande créée. Il en résulte une diminution de l'investissement. Pour ces raisons, ces auteurs prônent **la Libéralisation financière**. Développant la théorie de la répression financière, ils arrivent à montrer que les taux d'intérêt maintenus à des niveaux bas pouvaient entraîner des effets néfastes sur l'épargne.

- Ramsey (2003) reconnaît qu'une modification de la politique monétaire induit un changement rapide de l'agrégat M2, il précise cependant que le crédit et la production réagissent avec des délais plus ou moins importants. Ceci amène à conclure à une efficacité supérieure du canal de la monnaie et à un rôle marginal du canal de crédit.

- Bynoe (2004) a adopté la version modifiée de l'équation « SAINT LOUIS », pour tester empiriquement les effets de la politique monétaire sur l'activité économique dans cinq pays d'Amérique latine en voie de développement et en utilisant les données annuelles couvrant pour la plupart, la période 1995 – 2005. Il explique ainsi la prédominance des effets de la politique monétaire par une monétisation des réserves en devises ou du déficit budgétaire dans ces pays.

- Grauweet Polan (2005) examinent à travers une régression fondée sur l'équation quantitative de la monnaie, la relation entre croissance monétaire et inflation. L'étude est menée en coupe transversale et en données de panel, le résultat de l'étude montre sur l'ensemble de l'échantillon une relation positive et élevée entre le taux de croissance de la masse monétaire et le taux d'inflation. Cependant, le résultat reste moins robuste concernant la relation entre croissance monétaire d'une part et croissance de la production d'autre part.

- Ondo Ossa (2005) mène une étude sur les pays de la zone CEMAC. En utilisant un modèle panel, il montre que la politique monétaire a des effets expansionnistes sur l'activité économique contrairement à la politique budgétaire validant ainsi l'existence d'effet anti-keynésien en zone CEMAC.

- Selon Dornbush (2006), l'effet liquide induit par l'impulsion monétaire initiale relançant la demande interne s'accompagne également d'une hausse de la demande étrangère et la suite d'une dépréciation du taux de change de court terme supérieur à la dépréciation de long terme. De ce point de vue, la politique monétaire n'a que des effets nominaux et non des effets réels.

- Mundell (2006) a montré que l'action monétaire est inefficace, sauf en régime de change flexible, quel que soit le degré de mobilité de capitaux. En effet, dans un régime de changes flexibles, la mobilité de capitaux implique une relation simple entre le taux d'intérêt et le taux de change. La politique monétaire expansionniste entraîne une baisse des taux d'intérêts de ceux qui relancent la production.

- Dramani, Diacklyet Ndiaye Diouf(2007) analysent le mécanisme de transmission de la politique monétaire axée uniquement sur le rôle joué par le taux d'intérêt et le taux de change ; ils ne tiennent pas compte des agrégats nominaux de la monnaie et du crédit. Ils utilisent ensemble un modèle macroéconomique dans le cadre de l'économie Sénégalaise et aboutissent au résultat qu'un resserrement temporaire des conditions monétaires entraîne une baisse transitoire de la production réelle en deçà de son niveau tendanciel.

- D'autres auteurs à l'instar de Stiglitz et Weiss (2008), pour avoir travaillé sur l'information asymétrique sur les canaux de transmission de de la politique monétaire, ont montré qu'une hausse de taux d'intérêt pourrait également se traduire par une baisse d'offre de crédit par les banques. Cette baisse d'offre de crédit résulterait de l'incertitude sur la solvabilité de certains clients à la suite de l'augmentation du risque induite par la hausse du crédit. Ils montrent qu'en présence d'une information asymétrique entre préteur et emprunteur, les variations des taux débiteurs bancaires ne permettent pas un apurement efficace du marché de crédit. Dans une telle situation, le rationnement du crédit qui est la seule réponse optimale aux variations du taux d'intérêt débiteur impulsé par les autorités monétaires entraînera une diminution de la demande via la baisse de l'investissement.

- Romer (2008) observe qu'une politique restrictive réduit la masse monétaire, ce qui conduit à une contraction du crédit bancaire. Il s'en suit une baisse de l'investissement qui déprime l'activité économique.

- Chowdhury (2008) a appliqué l'équation de « Saint Louis » à six pays européens. Les résultats font ressortir que l'impact de la politique monétaire sur l'activité économique était plus important dans trois pays, à l'exception de certaines études comprenant pour la plupart des pays d'Amérique latine. Peu de travaux ont concerné les pays en développement.

- Tshiunza Mbiye (2010) a travaillé sur l'analyse des canaux de transmission de la politique monétaire en République Démocratique du Congo, en utilisant un modèle vectoriel autorégressif (VAR) avec cinq variables dont le taux d'intérêt, le taux de change, le canal de crédit à l'économie, la croissance économique et le niveau général des prix (inflation). Les données utilisées dans son étude sont issues des statistiques monétaires conjoncturelles et celle de l'activité réelle sur base annuelle. Les tests d'intégration ont permis de détecter l'inexistence entre les canaux de transmission de la politique monétaire et le secteur réel. Selon lui, la complémentarité des canaux de transmission de la politique monétaire entraînerait la stabilité du taux d'inflation et la relance d'une croissance économique ciblée. Les résultats obtenus montrent que les impulsions monétaires sont transmises à la sphère réelle via le taux d'intérêt débiteur en devise étrangère des banques commerciales. Un choc monétaire de 1% entraîne une diminution de l'activité réelle de 0,5%.En revanche, une hausse de l'inflation de 1% entre une régression de l'activité réelle à 0,04%.

En revanche, notre ouvrage sur l'évaluation des canaux de transmission de la politique monétaire en République démocratique du Congo, propose de combler ces lacunes en intégrant aux modèles VAR, les modèles à correction d'erreur par une analyse statistique de la relation de causalité à deux variables, afin de déduire de notre étude une justification statique et non dynamique qui caractérise la République Démocratique du Congo, une manipulation bien fondée des canaux de transmissions de la politique monétaire, par laquelle la Banque Centrale du Congo présentera des atouts plus efficaces.

Depuis plus de dix ans, la République Démocratique du Congo met en œuvre une politique monétaire afin de réduire la demande globale et de limiter les risques d'inflation.

Cependant l'économie de la République Démocratique du Congo, est le prototype d'une petite économie ouverte apriori à des fréquents déséquilibres internes et externes. Ces diverses situations caractérisaient l'économie Congolaise avant chaque politique monétaire opérée en République Démocratique du Congo : « la baisse drastique de la production, le développement de l'économie informelle, les déficits chroniques du budget de l'Etat » financés essentiellement par l'émission incontrôlée de la banque centrale occasionnant l'hyperinflation dans les années avant 1998, l'aggravation de la précarité des conditions de vie de la population, la désarticulation du système des finances, la faillite de plusieurs établissements des crédits et surtout le non - contrôle des crédits accordés à l'économie nationale, l'éclatement de l'espace monétaire national et enfin la multiplicité des taux de change.

Face à cette ampleur des déséquilibres et à la profondeur de la crise, le gouvernement par le biais de la Banque Centrale du Congo (BCC) décidait d'opérer des politiques monétaires comprises comme un ensemble des mesures successives et coordonnées visant à assainir l'environnement économique et financier du pays. Par la suite, cette politique monétaire opérée poursuivait dans chacune d'elles l'un ou l'autre objectif, à savoir :

a) L'adhésion aux régimes de change flottants
b) La libéralisation de la règlementation des échanges
c) La restauration et la redynamisation du système de paiement comme le souhaite la banque centrale qui est certes une condition sine qua non pour la reprise de la croissance qui doit être accompagnée d'action concrète du gouvernement dans les domaines d'action économique, fiscale, administrative et politique afin de consolider la stabilité macroéconomique et rassurer les investissements.

Le présent travail cherche à évaluer l'efficacité de la politique monétaire en République démocratique du Congo, ses possibilités et ses limites sur l'économie réelle à travers les canaux de transmission.

De manière précise, notre préoccupation tourne autour de la question principale ci-après : **Comment les modifications des canaux de transmission de la politique monétaire congolaise affectent-elles le secteur réel ?**

Nous signalons dès le départ que les incidences de la politique monétaire Congolaise sur l'économie réelle à travers les canaux de transmission n'affecteraient pas considérablement le secteur réel.

Si les canaux de transmission de la politique monétaire sont utilisés de façon adéquate, ils ont toutes les chances de produire des effets attendus. Mais, dans le cas de l'économie Congolaise, les canaux de transmission agissent efficacement sur l'économie réelle principalement sur le niveau général des prix et la croissance économique. La politique monétaire appliquée par la Banque Centrale du Congo auraitune faible influencesur la stabilité du taux d'inflation et la croissance économique en République démocratique du Congo.

Les deux variables macro-économiques (inflation et croissance économique), sont liées directement à l'incohérence des politiques monétaires et indirectement à l'instabilité de la monnaie nationale. Classiquement, la politique monétaire Congolaise s'efforce d'assurer la stabilité macroéconomique qui serait interprétée comme le maintien de l'économie sur son sentier de croissance potentiel sachant que ce taux de croissance est déterminé par les seules conditions d'offre sur les marchés des produits et du travail.

La manipulation des canaux de transmission de la politique monétairea un impactinsignifiantsur l'économie réelle.La variation des taux d'intérêts directeurs, du taux de change et du taux de crédit et des agrégats de monnaie aurait un impactnégatif sur la croissanceéconomique et le niveau général des prix.

En répondant à cette question, nous nous demandons d'une part, si les canaux de transmissionont été renforcés ou ont été affaiblis par les innovations financières et d'autre part comment les changements intérieurs sur le système financier Congolais affectent le comportement de la banque centrale.

Le caractère opérationnel de la politique monétaire découleraitdu mauvais agencement des instruments directs et indirects ainsi que de lamauvaise application de lapolitique d'encadrement du crédit et des réserves obligatoires.

La banque centrale du Congo peut alors influersur le secteur réel en modifiantles canaux de transmission de la politique monétaire, en associant le recours à la politique d'Open Market. Cela rendrait efficace l'opérationnalité de la politique monétaire.

Lesstatuts actuels de la banque centrale du Congo hiérarchisent les missions de ces institutions avec un mandat clair axé sur la stabilité des prix plutôt que sur la croissance économique.

La Banque Centrale du Congo peut chercher à atteindre l'objectif de stabilité des prix au moyen de plusieurs instruments qui lui permettent de faire varier la masse monétaire en circulation dans le pays et les coûts des crédits accordés aux particuliers et aux entreprises pourraient à leur tour relancer la croissance économique.

Les interventions sur les marchés de change sont également un des instruments de la banque centrale parmi tant d'autres.

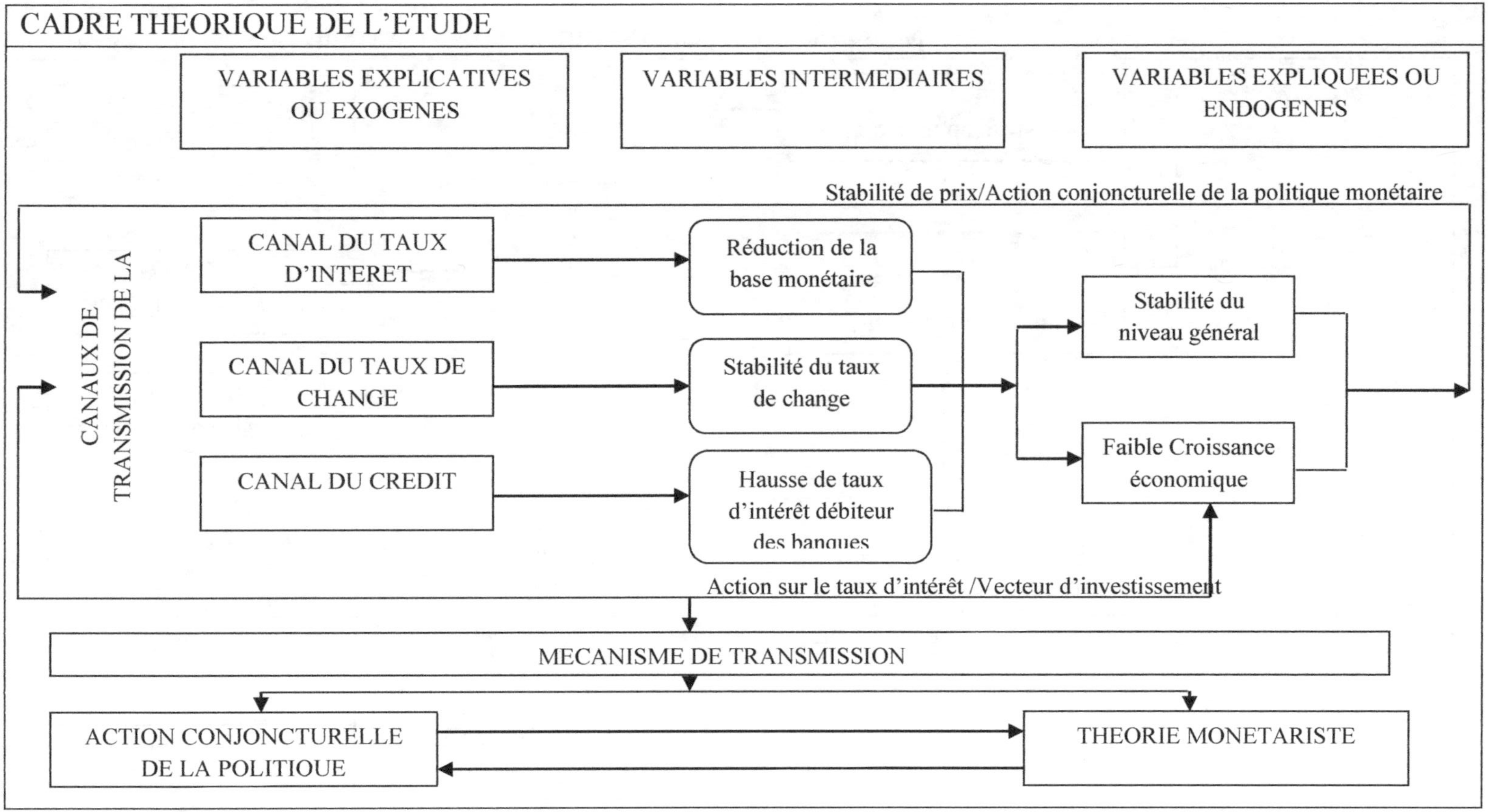

Source : Nous-mêmes, sur base de notre phénomène observé.

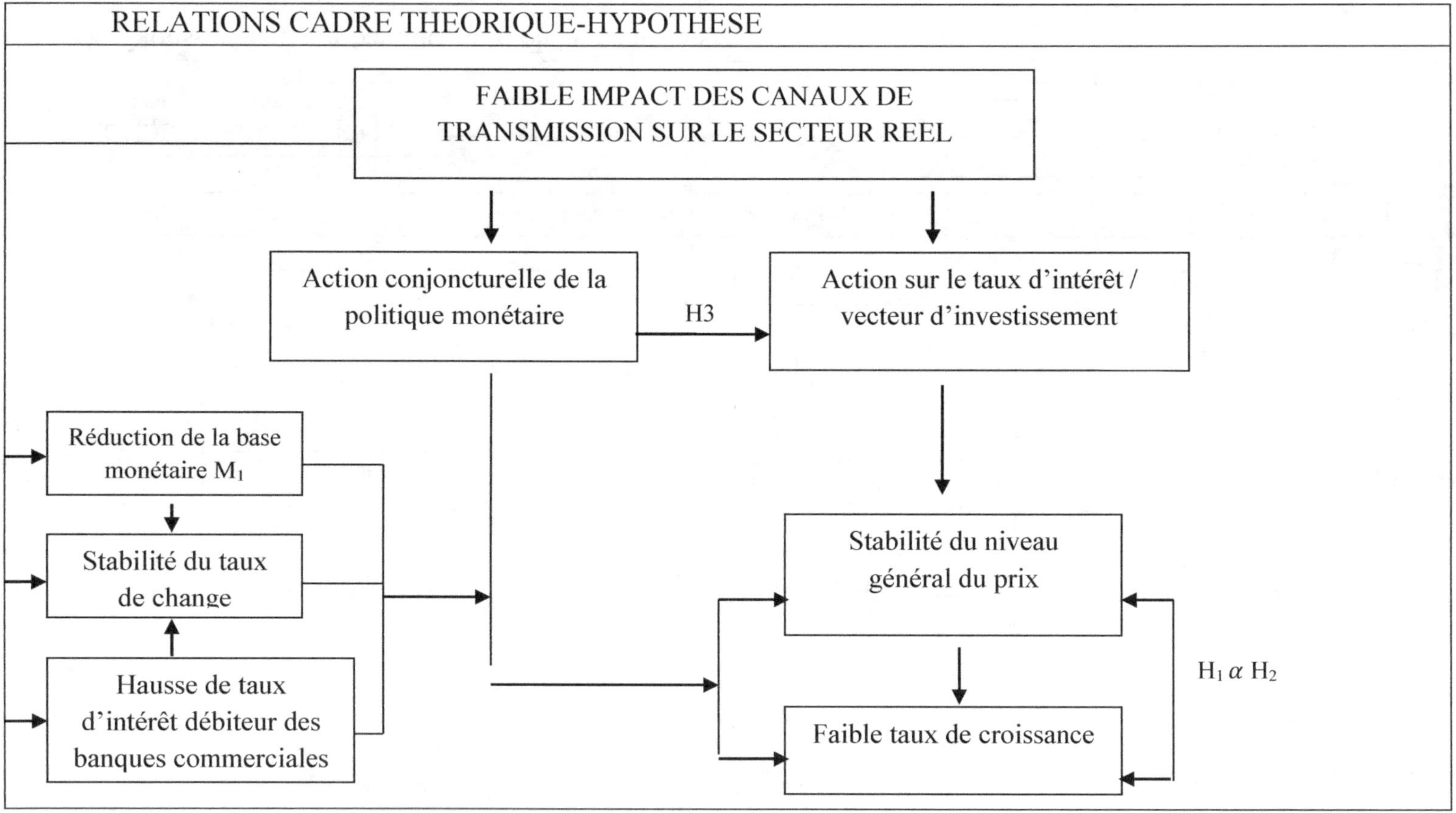

Source : Nous-mêmes, sur base de nos hypothèses et phénomènes observés.

GRILLE D'ANALYSE

	DIMENSIONS	**AXES D'ANALYSES**	**VARIABLES OPERATIONNELLES**	**INDICATEURS**	
ANALYSE CONJONCTURELLE DE LA POLITIQUE MONETAIRE : UNE EVALUATION DES CANAUX DE TRANSMISSION SUR LE SECTEUR REEL	Incidence des mécanismes de transmission sur l'économie réelle	L'utilisation adéquate des canaux de transmission produira des effets attendus	Instruments opérationnels de la politique monétaire et les règles de sa conduite.	Taux d'inflation et Taux de croissance	APPORT A L'EFFICACITE DE LA POLITIQUE MONETAIRE
	La modification des canaux de transmission de la politique monétaire et son influence sur le niveau des prix et la croissance économique	Impact insignifiant des canaux de transmission de la politique monétaire	L'action sur le taux d'intérêt, Le taux de change et le taux de crédit	- Agrégat monétaire - Taux et variation des agrégats monétaires	
	Le découlement le caractère opérationnel de canaux de transmission de la politique monétaire.	Le caractère opérationnel est fonction de la modification des canaux de transmission et l'agencement des divers agrégats de la politique monétaire.	Mesure progressives des agrégats monétaires	- Instrument de la politique monétaire - Agrégats monétaires	

Source : Nous-mêmes, sur base de notre problématique et de nos hypothèses.

L'intérêt de cet ouvrage, se situe à deux niveaux :

Premièrement, il s'agit de ressortir les incidences des variables monétaires et financières sur les variables réelles, mais aussi de montrer l'importance, voire la place centrale de la politique monétaire Congolaise pour tout objectif de croissance économique.

Le crédit oriente les capitaux vers les endroits où ils peuvent être utilisés. Cependant le système du crédit amène les détenteurs des capitaux qui n'ont pas un emploi productif à les prêter directement aux entreprises qui ont besoin ou à les déposer auprès d'une institution des crédits qui les prêtent à leur tour aux entreprises.

Deuxièmement, l'intérêt de cet ouvrage se veut un complément dans l'analyse de l'influence de la politique monétaire sur l'économie réelle à travers les canaux de transmission en République démocratique du Congo.

La politique monétaire agit de façon globale sur l'économie réelle (prix, niveaux d'activités, plein emploi, équilibre extérieur). Ainsi, à travers cet ouvrage, nous voulons dégager les relations de cause à effet qui existent entre la politique monétaire de la banque centrale du Congo (BCC) et le niveau des prix considéré comme l'objectif prioritaire des autorités monétaires (Banque Centrale et Trésor).

D'où, l'intérêt de savoir comment la Banque Centrale du Congo s'est comportée dans la définition et la mise en œuvre de la politique monétaire ces dernières années. Quels en ont été les instruments et leurs incidences sur la vie économique ? Quel a été le taux d'inflation enregistré durant ces périodes ?

L'intérêt toujours suscité par ce thème répond, bien entendu à un double besoin analytique. D'une part, il s'agit de comprendre comment les impulsions de la politique monétaire Congolaise se propagent dans l'économie et d'autre part d'identifier les principaux facteurs qui influent sur ce processus de transmission.

Toute recherche scientifique doit en effet respecter une certaine méthodologie afin d'atteindre les objectifs poursuivis. Celle-ci est un impératif d'ordre pratique pour quiconque voudrait mener des recherches scientifiques dans quelques domaines que ce soit. Afin de répondre aux préoccupations suggérées par la question de recherche, les méthodes et techniques de recherche seront utilisées.

Dans cette sphère axée sur la démarche méthodologique il nous sera question de montrer comment nous procédons pour récolter et traiter les données.

Le recours à l'induction (application de la méthode statistique) nous a permis de cerner les incidences de la politique monétaire sur l'économie réelle à travers les canaux de transmission (Variation du taux d'intérêt, taux de change et taux de crédit).Elle nous a aussi aidé à comprendre l'impact de la politique monétaire Congolaise sur le niveau général des prix et ses enjeux.

En résumé, la corrélation de deux méthodes inductive et statistique, nous a été utile dans la mesure où elle a aidé à apprécier la fonction corrélative entre les canaux de transmission de la politique monétaire et les variables macroéconomique (niveau général des prix et croissance économique). En effet, pourquoi ne pas établir la genèse des faits et les liens entre les derniers en vue d'enrichir l'interprétation de nos résultats.

La comparaison nous a été également utile en ce sens qu'elle nous a permis de comparer les flux financiers du système monétaire congolais par rapport aux variables macroéconomique et la comparaison des mesures de la politique monétaire en fonction de la tendance évaluative des variables macroéconomiques.

Dans cet ouvrage, la comparaison a été pour nous un outil indispensable à la production des connaissances en matière des variables macroéconomiques en rapport avec les mesures de la politique monétaire, pour ressortir enfin de compte un parallélisme logique du rôle et du poids des variables macroéconomiques dans l'économie Congolaise dans la gestion des mesures monétaires.

En fin l'approche systémique nous permettra de mettre en place un bon nombre des facteurs économiques et monétaires qui interagissent entre eux et qui échangent de l'information avec d'autres secteurs, la banque centrale autorité monétaire étant responsable de la réglementation monétaire des changes et du commerce.

Ainsi donc, nous pouvons dégager une synergie entre l'économie réelle et la politique monétaire Congolaise à travers les canaux de transmission, y compris le développement socio-économique. Faire ressortir l'impact des canaux de transmissions de la politique monétaire Congolaise sur les variables macroéconomiques, ses liens avec la politique monétaire en général restera un devoir pour ce travail. Les phénomènes économiques formant en tout (un système), nous verrons comment la masse monétaire peut conserver son pouvoir d'achat au moyen de l'accroissement du produit intérieur brut, car la banque centrale reste la gestionnaire principale de la monnaie, du crédit et du système bancaire en général.

Pour vérifier nos hypothèses posées au départ de nos recherches et obtenir les informations nécessaires à l'édifice de cet ouvrage scientifique, nous avons recouru aux ouvrages, archives et autres documents officiels écrits par des chercheurs autres que nous d'autant plus que toute recherche scientifique est autorisée à se ressourcer dans les écrits existants considérés comme bases des données secondaires.

Cette technique nous permettra de consulter également les différents rapports de la Banque Centrale du Congo (BCC), les rapports de la banque mondiale (BM) et quelques différentes documentations de la banque centrale du Congo (BCC).Pour ce faire, pour avoir certaines données quantitatives et numériques relatives à la situation économique et financière de la République démocratique du Congo et de la politique monétaire, il nous sera impérieux de recourir au site internet de Google.

L'interview nous a également aidé à interroger plusieurs personnes et a obtenir des informations relatives à notre sujet d'étude sur lesquelles les documents sont restés muets. Plusieurs fois nous avons participé à des journées porte-ouverte sur la politique monétaire, organisées par la Banque Centrale du Congo à Kinshasa en octobre 2014 et à Lubumbashi en juillet 2015.

Cette technique nous permettra de savoir comment et pourquoi il est souhaitable pratiquement de procéder par une politique monétaire efficace comme facteur de la croissance économique et la stabilisation du cadre macroéconomique. De cette façon nous serons édifiés sur la situation socio-économique contemporaine.

Le caractère proactif de la politique monétaire Congolaise, la modification du taux d'intérêt, la révision du coefficient de la réserve obligatoire et quelques fois les interventions sur le marché de change, le recours aussi bien aux instruments directs qu'indirects par la banque centrale du Congo devraient soutenir et assouplir les variables monétaires et macroéconomiques, plus précisément la croissance économique et le niveau général des prix, surtout dans son objectif de stabiliser le niveau général de prix.(Kudinga, 2015).

A la lumière de ce qui précède, il est convenable à ce niveau de procéder à la circonscription spatiale et temporaire de notre champ d'action de recherche. Cet impératif nous mettra à l'abri d'une crédibilité naïve ou tout simplement de nous plonger dans les généralités inutiles.

En effet, les démarches et efforts fournis dans le cadre stratégique de lutte contre l'inflation de la gestion et l'ajustement de la masse monétaire nous poussent à délimiter notre domaine d'investigation pour une période allant de 2003 à 2012. Le choix de cet intervalle de temps se justifie par le fait qu'au cours de ces années, il y a eu certains faits qui se sont déroulés et ont eu de effets sur les variables macroéconomiques.

Bien plus, c'est dans cet horizon temporel qu'il y a eu des décisions économiques avec les modules monétaires portant sur les réformes de politique monétaire qui conditionnent notre étude.

Dans cet ouvrage nous parlerons de l'interaction entre la politique monétaire, des canaux de transmission de la politique monétaire et de l'économie réelle de la République démocratique du Congo.

L'intervention musclée des autorités monétaires dans le cadre de la politique économique s'est observée plus durant notre période d'investigation à travers beaucoup de mesures notamment la mise en place d'un cadre de pilotage et de mise en œuvre de la politique monétaire basé sur la sélection des instruments à utiliser ainsi que sur la définition des objectifs à atteindre, sur les stratégies et la réglementation des canaux de transmission.

La période de notre étude est qualifiée de conflagration économique à cause du marasme ou débâcle économique et de l'affaiblissement de la demande globale voire l'effondrement de l'économie Congolaise dans son ensemble.

La République Démocratique du Congo a constitué notre champ d'investigation étant donné que la Banque Centrale du Congo(BCC) est considérée comme l'institut d'émission au Congo et a la charge d'élaborer et de piloter la politique monétaire.

Aussi la couverture financière et de crédit est exclusivement urbaine et est limitée géographiquement avec seulement quelques branches en dehors de Kinshasa dans les villes Matadi, Lubumbashi, Goma et Bukavu.

Le rôle des banques en particulier est nécessaire pour le développement des circuits financiers en général, beaucoup de difficultés s'imposent aux pays en développement dont fait partie la République démocratique du Congo.

L'environnement macroéconomique actuel la République démocratique du Congo est caractérisé par une basse conjoncture. Cette dernière a pour conséquence l'augmentation des prix intérieurs des biens et services, la dépréciation monétaire, la diminution des pouvoirs d'achat, de la population, le marché des biens et services et surtout le marché financier.

Les activités financières Congolaises évoluant dans cette conjoncture économique sont confrontées à plusieurs problèmes de gestion, notamment : le non-remboursement potentiel ou total des crédits, la diminution considérable de la valeur des dépôts libellés en monnaie locale, l'augmentation du taux de change et du taux d'intérêt, les fluctuations de valeurs des créances et des dettes, etc. Ce qui fait qu'il y ait un risque financier très élevé que dont les conséquences peuvent être exprimées en unité monétaire.

Afin de donner à nos lecteurs l'occasion d'avoir un aperçu général, de notre rédaction scientifique, il est raisonnable de définir sommairement à ce niveau le canevas général de notre travail.

Outre l'introduction et la conclusion générale, cinq chapitres constituent l'ossature même de notre dissertation scientifique :

- Le premier chapitre est consacré aux considérations générales, où nous allons définir les concepts opératoires de notre sujet, l'approche théorique de la politique monétaire, la revue de la littérature sur les canaux de transmission de la politique monétaire et l'aperçu général sur les variables macro-économiques de l'économie Congolaise, de 2003 à 2012.
- Le deuxième chapitre va se pencher sur l'approche déterminative de l'économie R.D. Congolaise. Dans ce chapitre, nous aurons à examiner les déterminants de l'économie R.D. congolaise : une mise en place d'une politique économique d'inclusivité - croissance économique – développement économique.
- Le troisième chapitre sera consacré à l'analyse du secteur monétaire et réelle (inflation et croissance économiques).Il

constitue une présentation du domaine d'étude (cadres d'étude) et l'évolution de l'économie Congolaise. Nous insisterons sur l'évolution dans le temps et dans l'espace du cadre monétaire et macroéconomique de l'économie R.D. congolaise en générale.

- Le quatrième chapitre traitera de l'évaluation des canaux de transmission de la politique monétaire en s'appuyant sur les études empiriques, des décisions de politique monétaire et en abordant enfin les mécanismes amplificateurs des canaux de transmission à travers les opérations de refinancement (canaux de transmission de la BCC)au sein de l'économie Congolaise : une vérification empirique de la première et deuxième hypothèse.
- Le cinquième chapitre sera consacré aux incidences de la politique monétaire Congolaise sur l'économie réelle. Il sera question de procéder à la vérification empirique de la troisième hypothèse sur base des données chiffrées et des analyses macro-économiques. Enfin, nous nous pencherons sur l'analyse des résultats et l'approche enseignement, recommandations et perspectives d'avenir.

Canevas de l'étude

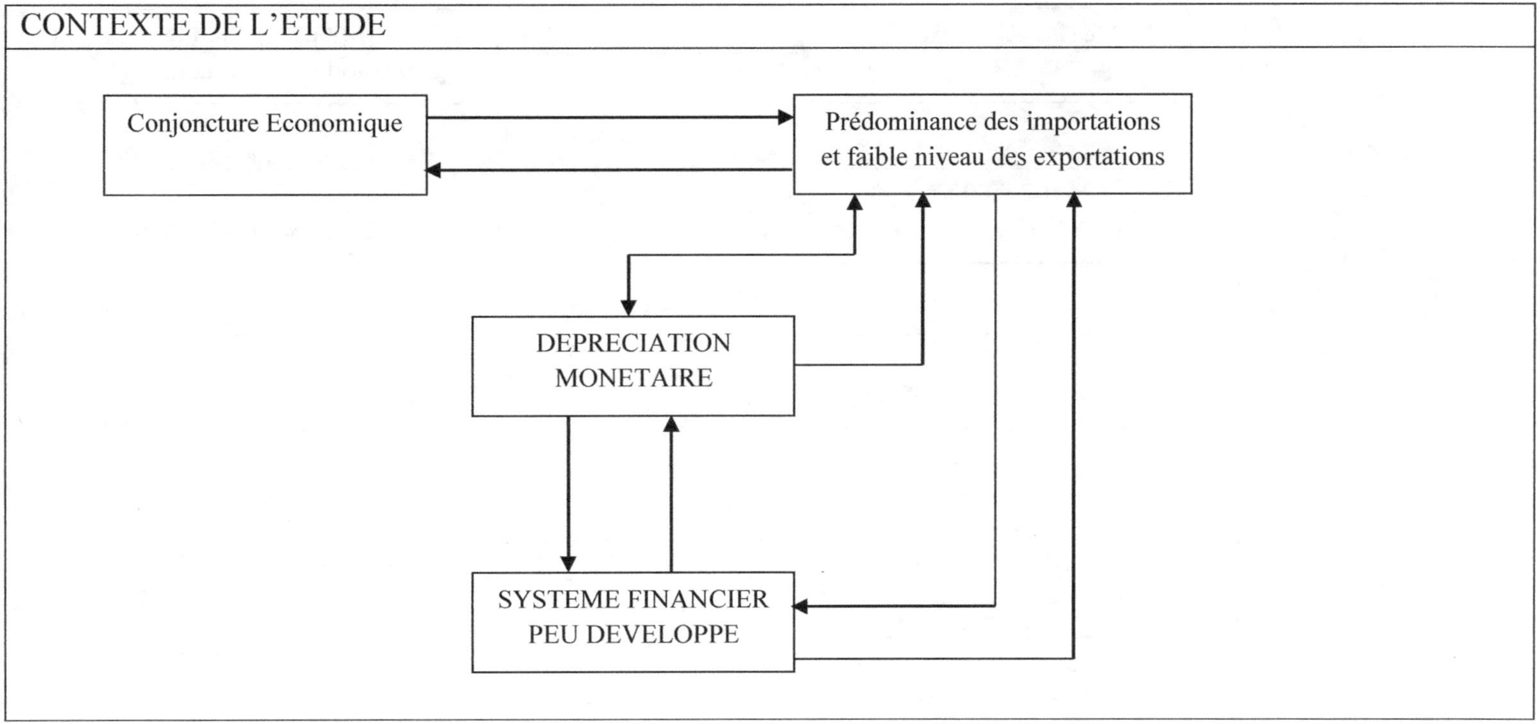

OBSERVATIONS EMPIRIQUES

Faible taux d'inflation	Sur la période le taux d'inflation est : de 4,4% en 2003 contre 2,7% en 2012
Croissance économique orientée vers la hausse	Taux croissance passant de 5,8% en 2003 à 7,2% en 2012
Baisse du taux d'intérêt directeur	De 8% en 2003 à 4% en 2012
Hausse du taux de change	De 405 CDF à 915 CDF de 2003 à 2015
Augmentation du poids des crédits dans le PIB	Passé de 14% en 2003 à 22.5% fin 2012

LA REVUE DE LITTERATURE		
Interactions entre les canaux de transmission de la politique monétaire et le secteur réel (inflation et croissance économique)		
Courant théoriques	Auteurs	Observations
L'école classique : L'efficacité de la politique monétaire est fonction de sa neutralité	Jean Bodin (16ème siècle) Cantillon (17ème siècle) Turgot (18ème siècle) David HUME (1752)	Littérature très ancienne reposant sur la neutralité monétaire (effet limité sur l'activité réelle)
Le courant monétariste l'efficacité des canaux de transmission est fonction de la stabilité des prix	FRIEDMAN (1948) ANNA SCHWARTZ (1963) RAYMON BARE (1982) GORDON (1990) BARRO (2002)	Théorie monétaire récente ayant un rôle actif sur la conjoncture économique.
La théorie Keynésienne : la performance de la politique monétaire repose sur le canal du taux d'intérêt	WICKSELL (1899) KEYNES (1970) HANSEN (1970) MONDIGLIANI-MILLER (1980) GERTLER et GIL CHRIST (2004)	Théorie très récente s'appuyant sur la fonction du taux d'intérêt ; les chocs monétaires sont transmis à la sphère réelle à travers le taux d'intérêt qui est le canal privilégie.

ETUDES EMPIRIQUES	
Auteurs	Orientations empiriques
CHANDARKAR (1971) ROBINSON (1975)	La politique monétaire de taux d'intérêt bas permet de promouvoir les investissements et la croissance économique
Mc KINNON et SHAWN (1973)	Les taux d'intérêts bas ne favorisent pas l'accumulation du capital et la croissance économique.
MUNDEL (1962) DORNBUSH (1976)	Le différentiel du taux d'intérêt entre deux pays est égal à la variation anticipée du taux de change et provoque, la hausse des investissements, la relance de la production et l'accroissement de la demande interne et externe.
Christian De BOISSIEU (2002) K.K. NUBUKPO (2002)	La modification du taux d'intérêt directeur engendre une variation de taux bancaire qui influe sur la demande des biens.
STIGLITZ et WEISS (1991)	Les variations des taux débiteurs ne permettent pas un apurement efficace du marché de crédit.
- SARR et DINGUI (2000) (côte d'Ivoire) - DRAMANI DIACKLY et NDIAYE DIOUF (2007) (Sénégal) - TSHIUNZA MBIYE (2010 (RDC)	La complémentarité des canaux de transmission de la politique monétaire entraîne la stabilité du taux d'inflation et la relance d'une croissance économique ciblée.

QUESTIONS DE RECHERCHE
Comment les modifications des canaux de transmission de la politique monétaire congolaise affectent-elles le secteur réel ?

HYPOTHESES	
H1	Si les canaux de transmission de la politique monétaire sont utilisés de façon adéquate, celle-ci a toute les chances de produire des effets attendus. Mais, dans le cas de l'économie congolaise, les mécanismes de transmission agissent inefficacement sur l'économie réelle, principalement sur le niveau général des prix et la croissance économique.
H2	La manipulation des canaux de transmission de la politique monétaire congolaise impacte significativement l'économie réelle.
H3	Le caractère opérationnel de la politique monétaire congolaise découlerait du mauvais agencement des instruments directs et indirects ainsi que de la mauvaise application de la politique d'encadrement du crédit et des réserves obligatoires. La BCC peut alors influer sur le secteur réel en modifiant à la nécessité les canaux de transmission de la politique monétaire, en associant le recours à la politique d'Open Market. Cela rendrait efficace l'opérationnalité de la politique monétaire.

CHAPITRE 1. CONSIDERATIONS GENERALES SUR LA POLITIQUE MONETAIRE

1.1. Introduction

L'économie monétaire a connu de profonds bouleversements en l'espace d'un demi-siècle. La politique monétaire était auparavant considérée comme une question technique, celle de savoir comment fixer le taux bancaire qui évite un excès de crédit et la sortie d'or du pays. Elle n'était pas discutée en termes de stabilisation du produit ou de l'emploi.

La situation actuelle se situe à l'opposé. La théorie monétaire occupe une place centrale en macroéconomie. Les économistes ont réalisé que la monnaie était intrinsèquement reliée aux théories des prix et du cycle. On assiste depuis lors à un enrichissement mutuel entre les théories et les leçons tirées de la pratique des politiques monétaires.

L'exemple emblématique de cette interdépendance est représenté par la banque centrale la plus influente au monde, la Réserve fédérale dont le responsable actuel Ben Bernanke est un universitaire reconnu mondialement pour ses publications dans le domaine (on peut également citer Mishkin qui a eu des responsabilités à la Fed).

Cette interconnexion se retrouve dans le contenu de cette étude qui traitera à la fois de la théorie monétaire et de l'état de la pratique en lien avec la théorie. Application particulière à la Banque Centrale du Congo.

La politique monétaire a également changé en réponse à son contexte, avec le développement des marchés financiers, de l'intégration et de la mondialisation, et en partie le résultat des progrès réalisés par la recherche économique.

1.2. Notion sur la politique monétaire

1.2.1. Définition de la monnaie

La monnaie est un actif qui est considéré comme moyen général de paiement. On peut la définir par ses fonctions. Tout actif qui remplit les trois fonctions suivantes est considéré comme de la monnaie: la fonction de réserve de valeur, la fonction d'unité de compte et la fonction d'intermédiaire des échanges.

On peut aussi définir la monnaie par ses supports. Dans quels types de support s'incarne la monnaie ? Il existe plusieurs formes de monnaie qui satisfont les fonctions précédentes. La quantité totale de monnaie qui circule dans une économie à disposition des ménages, du secteur public et des entreprises constitue la masse monétaire. Un bien a son prix exprimé dans une unité de compte unique, mais il existe plusieurs moyens de l'acquérir qui correspondent à différentes composantes de la masse monétaire.

Le premier moyen est d'utiliser des billets ou des pièces pour payer. C'est la première composante de la masse monétaire, c'est que l'on appelle la monnaie manuelle. Le second moyen est d'utiliser son chéquier ou sa carte bleue et de transférer la monnaie électroniquement. Alors la monnaie ne transite pas de la main à la main, mais de compte bancaire à compte bancaire. La monnaie prend une forme dématérialisée puisqu'elle correspond à une écriture informatique dans les comptes des banques. On parle alors de monnaie scripturale.

La somme des deux fournit la définition la plus étroite de la masse monétaire, ce que la banque centrale nomme l'agrégat M1 : billets et pièces + dépôts à vue. Nous obtenons le schéma suivant :

Figure 1 : Présentation statistique de la structure monétaire

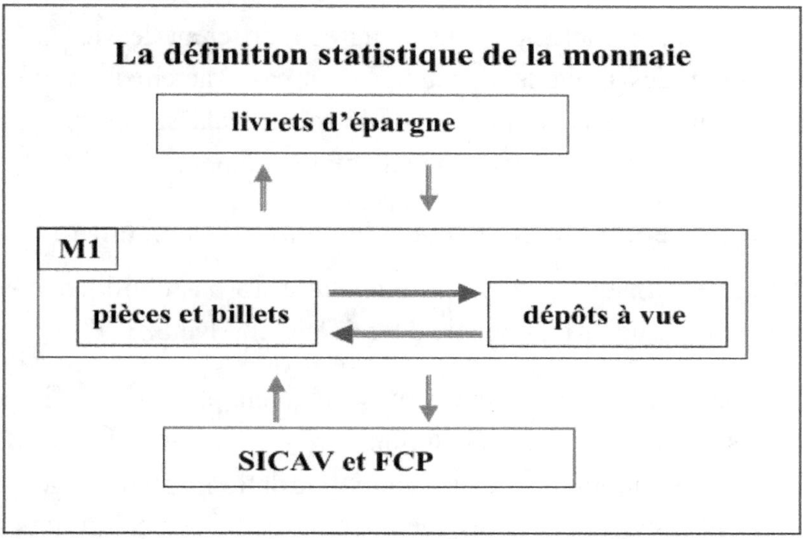

Source : Alexis Direr : la politique monétaire française, mai 2012, page 18

Il existe des actifs qui ne sont pas de la monnaie mais facilement convertibles en monnaie. C'est pour cette raison que les banques centrales les ajoutent à la monnaie au sens de M1 dans des agrégats plus larges. Nous obtenons:

M2 : M1 + livrets d'épargne (livret A, comptes épargne logement, LDD etc...)

Les livrets sont transformables en moyens de paiement avec généralement un délai d'un jour sans frais bancaire. On peut donc les considérer comme de la quasi-monnaie.

M3 : M2 + Sicav et FCP (+ divers)

Sicav = société d'investissement à capital variable

FCP = fonds communs de placement.

Les Sicav et les FCP sont appelés des OPCVM (organismes de placement collectif en valeurs mobilières). Ce sont des portefeuilles d'actions, d'obligations et de titres à court-terme. Comme les livrets, ils sont facilement et sans délais convertibles en moyen de paiement.

Mais contrairement à ces deniers, la conversion implique des coûts de transaction et un risque de moins-value en raison des fluctuations boursières. D'où leur inclusion dans un agrégat différent de M2.

La définition des agrégats monétaires n'est pas exactement la même d'un pays à l'autre, mais l'objectif reste le même : classer les agrégats par degré de liquidité, du plus liquide au moins liquide.

1.2.2. Pourquoi étudier la monnaie et la politique monétaire ?

Dichotomie classique : la sphère monétaire n'a pas d'influence sur la sphère réelle. Etudier la monnaie devrait être ennuyeux.

La monnaie dans l'économie représente bien plus qu'un simple vecteur des échanges. Son évolution est intimement liée à des variables macroéconomiques clés comme l'inflation, le chômage, les crises ou la croissance. Par conséquent, comprendre le lien qui unit la sphère monétaire et ces variables économiques est nécessaire si l'on veut comprendre le fonctionnement des économies modernes.

La quantité de monnaie en circulation est ainsi connectée aux fluctuations économiques. Les économies de marché font l'expérience des cycles économiques récurrents où des phases d'expansion succèdent à des phases de récession. Les spécialistes suggèrent que la monnaie joue un rôle important dans les fluctuations économiques.

Cependant, toutes les baisses du taux de croissance de la monnaie ne sont pas suivies d'une récession.

Il existe également un lien étroit entre monnaie et inflation. L'inflation a été très variable en République Démocratique du Congo depuis une longue période. Le niveau des prix augmente ou diminue parfois.

1.2.3. Le rôle de la banque centrale

Le bilan de la banque centrale

Les banques ont donc besoin de monnaie pour régler leurs transactions financières entre elles. Elles s'échangent de la monnaie scripturale de la même manière que les particuliers règlent leurs dettes par des transferts de compte à compte.

La banque peut ensuite accroître ses dépôts en prêtant plus, d'où de la création monétaire qui bénéficie aux particuliers. L'opération a les mêmes effets qu'un prêt. C'est la version électronique de la planche à billet.

Le contrôle de la création monétaire

Les deux outils du contrôle de la création monétaire sont : les réserves obligatoires qui rendent plus coûteux les opérations de crédit, et le coût du refinancement.

Le taux d'intérêt qui équilibre chaque jour le marché monétaire s'appelle le taux directeur. Pour certains pays, le taux de référence est le taux de refinancement ("refi"). Les deux autres taux directeurs sont le taux de rémunération des dépôts (TRD) et le taux du prêt marginal (TPM). Il est directement contrôlé par la banque centrale dans la mesure où elle peut fournir à volonté des réserves aux banques dont le niveau est compatible avec le taux d'intérêt cible.

Figure 2 : L'équilibre sur le marché monétaire

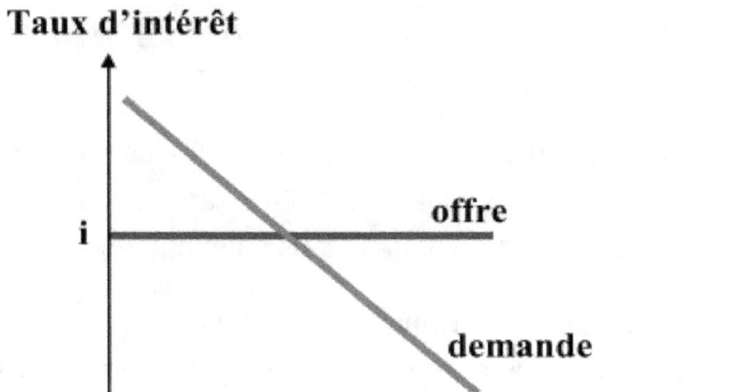

Source : Alexis Direr : la politique monétaire française, mai 2012, page 24.

La demande de liquidité est celle des banques commerciales. L'offre de liquidité est contrôlée par la banque centrale. La courbe d'offre est horizontale, car les banques centrales modernes fixent le taux directeur pour des durées longues, en général plusieurs mois.

Supposons que la demande de liquidités des banques augmente:

Figue 3 : Un accroissement de la demande de liquidités :

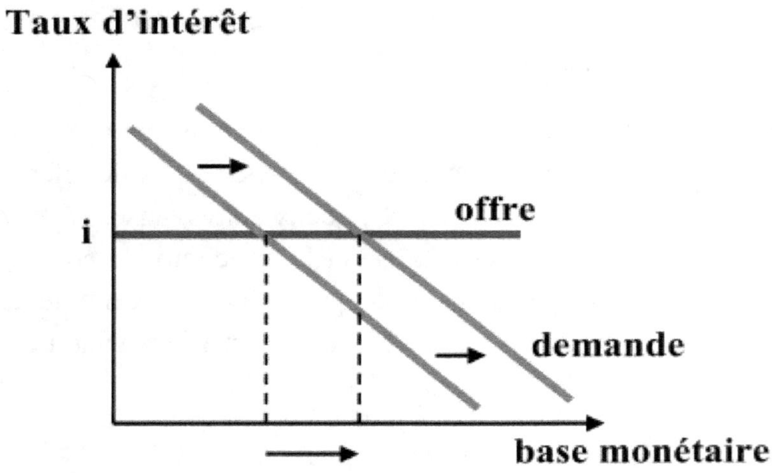

Source : Alexis Direr : la politique monétaire française, mai 2012, page 26

Ce cas se produit quand l'activité de prêt des banques augmente générant un besoin de refinancement croissant. La BC refinance intégralement les besoins des banques sans augmenter ses taux.

Cet exemple illustre le fait que dans un schéma de refinancement avec offre horizontale, les banques sont libres d'emprunter toutes les liquidités dont elles ont besoin au taux d'intérêt décidé par la banque centrale. La base monétaire varie au jour le jour sous l'effet des fluctuations de la demande alors que le taux d'intérêt qui la rémunère reste fixe.

Au moment où la banque centrale décide de changer le taux directeur, elle affecte la demande de réserves des banques et influence par là même leur politique de crédit et d'offre de monnaie.

Figure 4 : Un redressement monétaire :

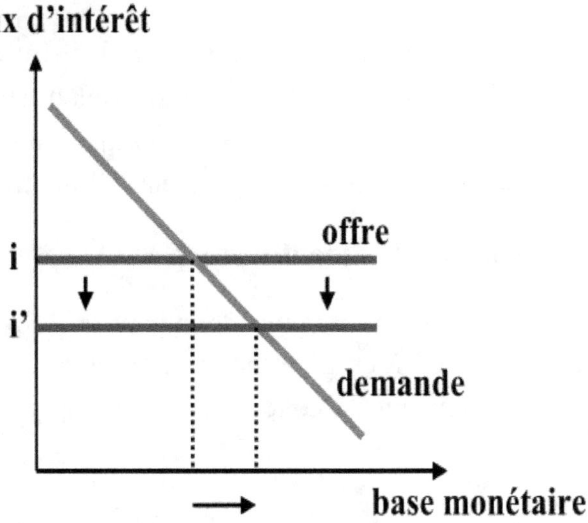

Source : Alexis Direr : la politique monétaire française, mai 2012, page 28

Le graphique montre les effets d'un assouplissement de la politique monétaire sur la liquidité bancaire. Le coût de refinancement des banques baissant, les banques peuvent à leur tour prêter plus, ce qui accroît la masse monétaire.

1.2.4. Les effets réels de la politique monétaire

La position largement partagée parmi les banquiers centraux et les économistes est qu'une expansion monétaire diminue temporairement le chômage et conduit à une hausse retardée et graduelle de l'inflation. L'effet est symétrique en cas de baisse. Une contraction monétaire augmente le chômage au moins temporairement et conduit à une baisse progressive et retardée de l'inflation.

Tout est déjà là, y compris la différence de délais entre les quantités et les prix. Cette théorie des effets de la monnaie sur la production et les prix est ensuite incarnée par la courbe de Phillips décroissante à court-terme et verticale à long-terme.

Comment prouver les effets réels de la politique monétaire ?

En théorie simple : regarder les inflexions de la politique monétaire, puis les effets qui en découlent sur la production, l'emploi et les prix. En pratique, très compliqué et a donné lieu à des débats sans fin, connus comme le problème d'identification.

Le problème de l'identification

Les premiers travaux donnaient à croire qu'il était résolu le problème de l'identification en montrant que la masse monétaire et le crédit évoluaient de concert avec une légère avance de phase pour la monnaie.

Certains économistes en ont conclu que la politique monétaire était un facteur important du cycle économique. Cette affirmation pose toutefois plusieurs problèmes.

Premièrement, la masse monétaire est un mauvais indicateur de la politique monétaire. La monnaie est un agrégat naturellement procyclique (mécanisme du cycle : investissement -> crédit -> monnaie). Si l'investissement augmente à la fois la production et la monnaie, alors on observe un lien entre monnaie et production, mais pas un lien causal. Les deux variables ont une cause commune : l'investissement. Image de Friedman : la production d'épingles à nourrice augmente en expansion sans que l'une cause l'autre.

De plus, la monnaie échappe au contrôle de la Banque Centrale au moins à court-terme en raison des fluctuations de l'offre et de la demande de monnaie.

L'offre : les banques prêtent plus en période d'expansion et peuvent couper le crédit en récession. Le ratio crédits/base monétaire n'est pas fixe, mais varie avec le cycle. Il chute en période de creditcrunch (resserrement du crédit).

La demande : les entreprises et les ménages demandent plus de monnaie en période haute d'activité, mais encore une fois la relation dépend peu du taux d'intérêt. La relation LM qui relie la demande de monnaie au taux d'intérêt est instable à court-terme. Le graphique précédent l'illustre avec les fluctuations de la vitesse de circulation de la monnaie.

Il existe donc une double perturbation côté offre et côté demande qui empêche la Banque Centrale de fixer la masse monétaire. La politique monétaire ne peut donc être jugée sur la base des fluctuations de la masse monétaire. Une masse monétaire qui s'accélère (ralentit) ne signifie pas nécessairement que la politique monétaire est expansionniste (restrictive).

Le problème de fond est que la monnaie est en partie endogène : l'activité économique influence les fluctuations de la monnaie. On ne peut donc évaluer l'impact de la politique monétaire sur les fluctuations économiques en observant les évolutions de la monnaie. Le problème d'identification est un problème d'endogénéité.

Le taux d'intérêt semble un meilleur indicateur, mais n'est pas non plus exempté d'endogénéité. En théorie, une baisse des taux d'intérêt fait réagir positivement la production et baisser le chômage. Il y'a donc bien un lien qui va du taux d'intérêt vers l'activité. Mais, on sait également que la Banque Centrale a tendance à baisser ses taux quand le chômage augmente, d'où l'ambiguïté sur le sens de causalité.

Pour conclure définitivement sur les effets réels de la politique monétaire, cette dernière devrait ressembler à une expérience naturelle, c'est-à -dire ne devrait pas réagir de façon systématique à l'état de l'économie. Ce qui n'est évidemment pas possible : les Banques Centrales veulent baisser les taux dès qu'une récession s'annonce.

1.2.5. Les canaux de transmission de la politique monétaire

1.2.5.1. Le canal du taux d'intérêt

Mécanisme : baisse du coût de refinancement des banques=> baisse du coût de crédit => hausse des dépenses

Mécanisme LM : $M^s=M^d=L_1(Y) + L_2(i)$. La Banque Centrale maîtrise M^s. Si M^s augmente, la demande de monnaie doit augmenter => le taux d'intérêt baisse, ce qui relance les dépenses.

En réalité, la Banque Centrale maîtrise mal la masse monétaire et contrôle parfaitement le taux d'intérêt à court-terme. La séquence précédente peut donc être simplifiée !

Il reste toutefois un problème potentiel dans la transmission. La politique monétaire contrôle le taux de court-terme nominal. Or l'investissement dépend du taux d'intérêt réel de long-terme.

Comment se passe la propagation, d'une part entre le taux nominal et le taux réel, et d'autre part entre le taux court et le taux long ?

Passage du taux nominal au taux réel: $r = i - \pi a$. Si i augmente, r augmente à anticipation d'inflation donnée. De plus, la hausse de i présage une baisse de l'inflation, ce qui amplifie l'effet sur le taux réel.

Le passage du taux de CT au taux de LT : la courbe des taux d'intérêt. La séquence des taux rangés par maturité constitue la courbe des taux.

Les taux longs sont des taux de marché et reflètent les anticipations de taux courts futurs.
Exemple : passage du taux court (1 mois) au taux long (3 mois).
Sans incertitude sur les taux futurs, condition de non arbitrage :

$$1 + R_0^3 = (1 + R_0^1)(1 + R_1^2)(1 + R_2^3)$$

Approximation :

$$\log(1+R_0^3) = \log(1+R_0^1) + \log(1+R_1^2) + \log(1+R_2^3)$$
$$\Rightarrow R_0^3 \approx R_0^1 + R_1^2 + R_2^3$$

Avec incertitude sur les taux futurs :

$$R_0^3 \approx R_0^1 + E(R_1^2) + E(R_2^3)$$

Les taux longs sont donc égaux en moyenne à la somme des taux courts. La propagation aux taux courts est bonne. Le contrôle des taux à plus longue échéance devient moins fiable au fur et à mesure que l'échéance augmente et que les anticipations de taux futurs prennent une place croissante dans la formule.

La hausse avant la récession combat l'inflation au prix d'une récession. La baisse rapide qui suit tente de stabiliser le PIB. Tant que la courbe des taux est croissante, les banques peuvent emprunter à CT et prêter à LT. Le renversement de la courbe entraîne une marge négative pour les banques et freine considérablement le crédit.

Cela traduit une baisse future anticipée des taux courts. C'est ce qui se passe quand le marché anticipe une récession: l'effet balancier du taux monétaire explique l'inversion. La hausse des taux en fin d'expansion est transitoire.

On a parlé de l'écart entre le taux nominal et le taux réel, ainsi que celui entre le taux à CT et celui à LT. Il reste une troisième distinction importante, celle entre les taux fixes et les taux variables. Elle doit être reliée aux spécificités du marché du crédit et à la structure du bilan des agents en termes de niveau d'endettement.

L'action directe sur le crédit (canal du crédit)

Mécanisme : hausse du coût de refinancement des banques => hausse du rationnement du crédit => baisse des dépenses

Ce canal met en scène les banques. Les banques sont parfois amenées à rationner le crédit aux entreprises et aux particuliers (rationnement quantitatif plutôt que hausse des taux). Cela se produit parce que les agents n'ont pas suffisamment de fonds propres ou parce que les banques elles-mêmes ont fait des pertes dans le passé.

Une contraction monétaire en augmentant le taux d'intérêt réduit l'investissement des entreprises. C'est le canal du taux d'intérêt déjà vu (ou canal LM). Mais elle peut également amener les banques à intensifier le rationnement du crédit plus effet indirect de la récession sur les fonds propres des agents = accélérateur financier.

Le canal du crédit de la politique monétaire permet d'expliquer pourquoi:

- De très faibles variations des taux d'intérêt peuvent conduire à de larges mouvements des dépenses: l'investissement mais aussi les variations de stock.
- Le poids des politiques monétaires restrictives est principalement supporté par les entreprises les plus dépendantes du crédit bancaire.

Gertler et Gilchrist (1994) comparent le comportement de stocks des petites et moyennes entreprises à celui de grandes entreprises à la suite d'une restriction de la politique monétaire et trouvent un effet différentiel sensible.

1.2.5.2. Le canal du taux de change

Mécanisme d'économie ouverte en présence de mobilité des capitaux et de taux de change flexible (cas du modèle Mundell-Flemming). En cas de mobilité des capitaux, les investisseurs arbitrent entre les titres domestiques et étrangers.

Mécanisme : une hausse du taux d'intérêt rend plus attractifs les actifs libellés en monnaie nationale. Les rentrées de capitaux qui s'ensuivent provoquent une appréciation du taux de change nominal.

Avec des prix relativement rigides, il s'ensuit une perte de compétitivité externe, et une détérioration du compte courant qui affecte d'autant plus le niveau d'activité que l'économie est ouverte. Ce canal est relativement bien documenté.

Taux de change fixe ou taux de change variable ?

Les Banques Centrales doivent décider si elles laissent fluctuer le taux de change ou si elles le fixent sur la valeur d'une autre monnaie. Quelle politique aboutit à la meilleure politique macro ?

Un taux de change fixe implique une perte d'autonomie de la politique monétaire si la mobilité des capitaux est élevée (triangle d'incompatibilité). Les variations du taux d'intérêt ne servent qu'à ajuster la valeur externe de la monnaie. Le bénéfice est une moindre volatilité du taux de change et par là même des prix et du PIB. Dans une économie très ouverte (généralement petite) où la part des importations dans le PIB est importante, cette option est préférable.

Les gains et les bénéfices sont inverses pour un taux de change variable. La Banque Centrale préfère utiliser directement la politique monétaire pour stabiliser l'économie plutôt que le taux de change.

1.2.5.3 Le canal du prix des actifs

Mécanisme : baisse du coût de refinancement des banques => hausse du prix des actifs=> accroissement des dépenses. Il existe un mécanisme de transmission monétaire qui suit deux étapes.

- 1ère étape. La baisse des taux d'intérêt en réduisant le coût de l'endettement entraîne une hausse du prix des actifs financiers et immobiliers. A contrario, une politique monétaire restrictive peut déclencher une dynamique baissière. Plus effets indirects via l'impact de la baisse de la demande sur les profits et les cours boursiers.
- 2ème étape : l'effet de richesse qui influence la dépense des ménages. Prenons le cas d'une politique monétaire expansionniste. Une hausse du prix des actions et de

l'immobilier se répercutera d'autant plus sur la consommation que:

- o La hausse des prix des actifs est perçue comme permanente,
- o La richesse n'est pas trop concentrée au sein des ménages (même si la propension à consommer la richesse est égale à l'unité à long-terme, les ménages riches ont plus tendance à étaler les effets sur la consommation d'un surcroît de richesse).

Il ne faut pas surestimer la portée du canal passant par le marché des actions. 80% des ménages les moins riches détiennent seulement 4% du total des actions => pour la plupart des ménages, les effets richesses n'ont que peu d'impact sur leurs possibilités de consommation.

1.3. Notion sur l'inflation

1.3.1. La définition de l'inflation

La BCE utilise comme référence l'indice des prix à la consommation alors que la réserve fédérale utilise depuis 2000 l'inflation sous-jacente (core inflation) qui exclut de l'indice des prix l'énergie et les biens alimentaires qui sont des biens dont le prix est sujet à de fortes variations temporaires. Cet indice est par conséquent plus stable et informative que l'indice des prix complets et semble pour les Etats-Unis (mais apparemment moins pour l'Europe) un meilleur prédicteur de l'inflation de moyen terme. Cela contribue à expliquer la différence de politique monétaire.

Pourquoi les Banques Centrales visent une inflation faible ? L'inflation ne doit pas être trop élevée en raison de :

- ➢ L'incertitude pour les agents économiques augmente avec le niveau moyen d'inflation. Effets néfastes des variations surprise de l'inflation sur le système financier, le marché des biens et sur le marché du travail : distord les prix, les salaires et les taux d'intérêt réels. Travaux de Fisher (1933) sur la dépression des années 30 (plus récemment Bernanke et Gertler, 1999).

- Les coûts psychologiques. Gabaix: le harassement à recalculer perpétuellement les prix relatifs, stress financier en cas d'illusion nominale = explications de l'impopularité de l'inflation ;
- évite une trop grande variabilité.

L'inflation ne doit pas non plus être trop faible :

- Rigidité à la baisse des salaires nominaux (Akerlof, Dickens et Perry, 1996 The Macroeconomics of Low Inflation) : environnement dans lequel les entreprises font face à des chocs individuels. Certaines augmentent les salaires, d'autres devraient baisser les salaires. Si les salaires nominaux sont rigides à la baisse, il faut de l'inflation pour suppléer cette défaillance.
- Risque de déflation / trappe à liquidité
- Biais dans la mesure de l'indice des prix (effet « Boskin »)

1.3.2. Le biais inflationniste

La banque centrale décide de la politique en prenant comme données les anticipations d'inflation des agents et en observant le choc d'offre, un avantage observationnel formalisant simplement la fonction de stabilisation de la banque centrale. Formalise l'idée que la politique monétaire peut réagir à tout instant aux informations nouvelles, alors que les contrats de salaire sont révisés seulement périodiquement.

1.3.2.1. L'inflation d'équilibre

En anticipations rationnelles, les agents prennent en compte cette fonction pour déterminer leurs anticipations:

$\pi^e = E(\pi) = (1 - \theta)(\pi^e + \kappa) + \theta\pi^*$

La recherche d'un point fixe entre les anticipations et les réalisations. D'où:

$\pi^e = \pi^* + \frac{1-\theta}{\theta}\kappa$

Erreur d'anticipation des agents dûs à l'ignorance du choc:

$$\pi^e - \pi = (1-\theta)(\pi^e + \kappa) - \theta\pi^* - (1-\theta)(\pi^e + \epsilon + \kappa) - \theta\pi^*$$

$$= -(1-\theta)\epsilon$$

En ce qui concerne la stabilisation du taux de chômage, nous reprenons la courbe de Phillips:

$$u = u_n + \pi^e - \pi + \epsilon$$
$$= u_n - (1-\theta)\epsilon + \epsilon$$
$$= u_n + \theta\epsilon$$

Interprétation : θ élevé => poids élevé sur l'inflation => peu de stabilisation du chômage. Inflation d'équilibre :

$$\pi = (1-\theta)(\pi^e + \epsilon + \kappa) + \theta\pi^*$$
$$= (1-\theta)\left(\theta\pi^* + \frac{1-\theta}{\theta}\kappa + \epsilon + \kappa\right) + \theta\pi^*$$
$$= \pi^* + \frac{1-\theta}{\theta}\kappa + (1-\theta)\epsilon$$

Inflation moyenne:

$$E(\pi) = \pi^* + \frac{1-\theta}{\theta}\kappa$$

Le biais inflationniste d'autant plus fort que le poids sur la stabilisation de l'inflation est faible. L'inflation est supérieure à l'inflation désirée par la BC. Cette perte en inflation se fait sans gain en termes de chômage :

$$u = u_n + \theta\epsilon$$

Cercle vicieux : anticipation de déflation => taux réels élevés => PM restrictive => demande faible et pas d'inflation. La trappe à liquidité est fondamentalement une trappe à anticipations.

La crédibilité peut être une mauvaise chose ici.

Un cercle vicieux similaire existe en économie ouverte : anticipation de déflation => rendement élevé des titres domestiques

=> appréciation de la monnaie => faible compétitivité => effet dépressif sur la demande.

Un cycle auto-entretenu déflationniste a également un impact sur la dette publique pris entre deux ciseaux. Un taux d'intérêt nominal faible peut être inefficace si le taux de LT reste élevé.

De même, la récession peut conduire les banques à adopter une politique de crédit prudente qui limite l'impact de la base monétaire sur la masse monétaire. Les pertes passées pèsent sur les bilans et amplifient le mécanisme. Enfin, le rendement des crédits ne sera pas tellement plus élevé que le rendement de la monnaie, ce qui conduira les banques à ne pas transformer les dépôts en crédits supplémentaires.

1.3.2.2. Les remèdes

Comment devrait réagir une Banque Centrale face au risque de trappe à liquidité ? Le premier remède[1] consiste alors à changer les anticipations de déflation en tentant d'adopter une politique de reflation (de redémarrage de l'inflation) crédible. Si la Banque Centrale arrive à convaincre que sa politique monétaire va augmenter les prix (et cela de façon franche et durable, malgré souvent un mandat contraire), cela réduit le taux réel et relance l'économie. Le problème de crédibilité s'inverse : comment convaincre les agents que la banque centrale souhaite durablement une inflation significative ? A priori, plus une banque centrale est réputée dure sur l'inflation, plus elle aura du mal à sortir d'une déflation.

Cercle vertueux : anticipation d'inflation => taux réel faible => PM expansive => demande forte et inflation.

Une solution complémentaire est d'adopter un taux de change sous-évalué pour importer de l'inflation et ainsi dynamiser l'économie.

---

[1] Keynes préconisait la taxation des dépôts bancaires, ce qui, associé à une restriction de la convertibilité des dépôts en pièces et billets, permettrait de passer le taux nominal dans les négatifs. En effet, les titres comme la monnaie auraient un rendement nominal négatif. C'est toutefois politiquement peu faisable…

1.2.2.3. Le ciblage de l'inflation

1) Motivation et présentation

Depuis une quinzaine d'années, de nombreuses banques centrales ont adopté une stratégie de ciblage de l'inflation. La différence entre un objectif de stabilité des prix et une stratégie de ciblage de l'inflation est importante. Lorsqu'une banque centrale adopte un objectif de stabilité des prix, elle s'engage à produire un certain résultat à MT. Sa performance ne peut qu'être évaluée ex post. Étant donnés les délais d'action de la politique monétaire, cela signifie qu'il faut en pratique entre un à deux ans pour juger des résultats de l'action conduite. En effet, la Banque Centrale ne peut être tenue responsable d'un accroissement soudain de l'inflation qui peut être causé par des chocs économiques. En revanche, elle ne doit pas laisser une inflation élevée s'installer.

Les banques centrales manquent par conséquent un objectif immédiat à atteindre, un objectif qu'elles peuvent essayer d'atteindre chaque année et sur lequel sa performance peut être jugée.

L'objectif d'inflation est l'objectif final, mais n'est qu'un objectif à moyen terme sur lequel elle ne peut pas être jugée mois après mois.

Quel objectif intermédiaire adopter ? La Banque Centrale doit adopter comme objectif intermédiaire la croissance de la masse monétaire sur lequel elle était jugée. Mais cette référence comporte de nombreux défauts comme un manque évident de contrôle à court-terme de la masse monétaire. L'adoption d'une règle de Taylor ferait un objectif intermédiaire plus intéressant, mais les Banques Centrales se refusent à se lier les mains de cette façon.

Les politiques de ciblage d'inflation prennent un autre objectif intermédiaire plus opérationnel : la prévision d'inflation à moyen terme.

Une stratégie de ciblage de l'inflation consiste non seulement à annoncer un objectif, mais aussi à publier en temps réel les prévisions d'inflation, et à adopter des mesures correctrices chaque fois que l'inflation anticipée diffère de l'objectif. Elle peut être évaluée ex ante.

Une telle stratégie se caractérise par un objectif d'inflation explicite et publiquement annoncé et par la publication de prévisions d'inflation à moyen terme. Dans ces conditions, la banque centrale se doit d'agir dès que les prévisions ne sont pas en ligne avec l'objectif.

Le grand changement de paradigme a été amorcé en 1989 lorsque la Nouvelle-Zélande a changé le statut de sa banque centrale, la rendant formellement indépendante et lui confiant comme mission de cibler le taux d'inflation. Cette définition de la tâche d'une banque a rapidement fait des émules.

Aujourd'hui, un grand nombre de banques centrales ont aussi adopté la stratégie de ciblage de l'inflation: c'est le cas au Royaume-Uni, en Suède, en Pologne, en Israël, au Mexique, au Chili, etc., et même, sous une forme altérée par des conditions spéciales, au Japon depuis peu. Parmi les grandes banques centrales, la Réserve fédérale et la BCE n'ont pas adopté la stratégie de ciblage de l'inflation. La BCE poursuit un objectif d'inflation, puisque telle est la mission que lui a assignée le traité de Maastricht. Elle publie ses prévisions d'inflation mais souligne avec insistance que ces prévisions sont purement indicatives et ne constituent en aucun cas un engagement en ce qui concerne la conduite de la politique monétaire. Les projections jouent un rôle utile, mais limité, dans la stratégie.

2) Un modèle avec ciblage d'inflation

Pourquoi cibler l'inflation anticipée à deux ans. La Banque Centrale ne contrôle qu'imparfaitement l'inflation en raison de délais, de chocs d'offre et de demande Ces difficultés peuvent être résolues en prenant comme objectif intermédiaire la prévision d'inflation.

Courbe d'offre (ou courbe de Phillips + loi d'Okun): l'inflation dépend de l'inflation passée et de l'écart de produit y passé (de moyenne nulle) + choc d'offre :

$$\pi_{t+1} = \pi_t + \alpha y_t - \varepsilon_{t+1}$$

π_{t+1} *est l'inflation entre la date t et t+1,* y_t*est l'écart de produit (*$\alpha >$ *0), et* ε_{t+1}*est un choc d'offre de moyenne nulle. Choc d'offre négatif :* $\varepsilon_{t+1} < 0$ => l'inflation contemporaine augmente la transmission du choc de coût sur les prix. Si l'écart de produit augmente, tensions inflationnistes augmente également.

Courbe de demande (ou courbe IS): l'écart de produit dépend de l'écart passé et du taux d'intérêt réel + choc de demande :

$$y_{t+1} = \beta_1 y_t - \beta_2(i_t - \pi_t) + \eta_{t+1}$$
$$\beta_1, \beta_2 > 0$$

Le taux d'intérêt nominal est l'instrument de la Banque Centrale. $i_t - \pi_t$est une approximation du taux d'intérêt réel. Délai d'un an pour la transmission de la politique monétaire. Une augmentation du taux nominal aujourd'hui augmente le produit demain et l'inflation après-demain (courbe d'offre en t+2 dans laquelle y_{t+1}*est remplacée par son expression dans la courbe de demande:*

$$\pi_{t+2} = \pi_{t+1} - \alpha y_{t+1} - \varepsilon_{t+2}$$

$$= \pi_{t+1} + \alpha\beta_1 y_t - \alpha\beta_2(i_t - \pi_t) + \alpha\eta_{t+1} + \varepsilon_{t+2}$$

Objectif de la Banque Centrale : minimiser la déviation de l'inflation à sa cible π^* (au carré) et y (au carré) avec un coefficient (fonction de perte intertemporelle actualisée) :

$$\min_{i_t} \left\{ E_t \sum \delta^r (\pi_{i+r} - \pi^*)^2 + \lambda y_{t+r}^2 \right\}$$

L'objectif est un peu plus simple avec $\lambda = 0$. On parle dans ce cas de ciblage d'inflation pur :

$$\min_{i_t} E_t \sum \delta^r (\pi_{i+r} - \pi^*)^2$$

Il vient directement en raison des décalages temporels que la Banque Centrale ne peut espérer lutter contre l'inflation en t et t+1 à l'aide du taux d'intérêt en t. L'inflation courante n'est pas contrôlable en raison des chocs et des délais. Elle ne peut donc stabiliser l'inflation qu'à partir de t+2.

Quand le coefficient λ est égal à 0 (ciblage d'inflation pur), une condition nécessaire et suffisante pour que l'objectif soit satisfait est que le taux nominal soit tel que l'inflation en t+2 anticipée soit égal à π^* :

$E_t(\pi_{t+2} | i_t) = \pi^*$

Si l'anticipation d'inflation est supérieure à π^*, la Banque Centrale devrait augmenter le taux d'intérêt. Si l'anticipation d'inflation est inférieure π^*, la Banque Centrale devrait baisser le taux d'intérêt. Le taux d'intérêt devrait être ajusté jusqu'au point où les prévisions à profil futur constant de taux rejoignent le niveau cible.

En pratique, la banque centrale utilise ses modèles de prévision macroéconomique pour fixer le taux d'intérêt approprié. Le ciblage est à l'horizon : permettre une stabilisation du produit tout en donnant des assurances que l'inflation retournera au niveau de moyen-terme désiré.

La méthode nécessite de sélectionner le bon horizon pour stabiliser l'inflation. Il existe en théorie un horizon optimal pour cibler l'inflation anticipée. Si l'horizon est trop court, la Banque Centrale ne contrôle que partiellement l'inflation dont la partie prédéterminée est importante. Elle ne prend pas en compte les effets maximums de sa politique de taux. Si l'horizon est trop long, l'incertitude croissante rend périlleuse toute politique active.

La stabilisation de l'anticipation d'inflation en t+1 ne suffit pas, car la Banque Centrale ne prend pas en compte toute l'information présente (y et π) pour cibler l'inflation de long-terme (= t+2). Notamment, i a un impact sur y en t+1, lequel a un impact sur π en t+2! La prévision d'inflation de moyen-terme (t+2) est la variable contemporaine la plus corrélée avec l'objectif final qui est l'inflation, tout en étant plus facilement contrôlable que l'objectif affecté par des chocs et des délais, c'est vérifiable à chaque instant et pas ex post, l'objectif est transparent et intuitif, cohérent avec son activité qui est de prévoir l'inflation, et avec des publications régulières sur les prévisions et sur les modèles qui sont à la base.

Stabiliser l'inflation anticipée en t+2 ne signifie pas stabiliser l'inflation en t+2 en raison des chocs d'offre et de demande qui surviennent dans l'intervalle. Ecart à la cible :

$$\pi_{t+2} = \pi_{t+1} = \alpha\eta_{t+1} + \varepsilon_{t+1} + \varepsilon_{t+2}$$

Le ciblage d'inflation aide les agents à ancrer leurs anticipations d'inflation. L'objectif est centré sur ce que peut réellement la Banque Centrale. Ce que l'on demande est plus qu'un exercice de prévision: il faut savoir comment varie la prévision en fonction de l'instrument.[2]

Si le coefficient λ est positif, on parle de ciblage d'inflation flexible. L'ajustement à la cible devrait être graduel:

$$E_t\pi_{t+2} = \theta\pi^* + (1 - \theta)E_t\pi_{t+1}$$

Au lieu d'ajuster à chaque instant l'anticipation d'inflation, la banque centrale devrait réagir graduellement aux chocs qui affectent l'inflation à t+2. Par exemple, en cas de choc de demande en t, la production s'accroît, augmentant du même coup l'anticipation d'inflation en t+1 et en t+2.

La nouvelle règle implique une réaction moins forte de la Banque Centrale en terme de hausse du taux d'intérêt. En terme de règle de

[2]La BC ne doit prendre en compte que la moyenne d'inflation future. Le résultat de contrôle est optimal quand l'objectif est quadratique est l'incertitude sur l'état de l'économie et les mécanismes de transmissions entrent linéairement dans les contraintes.

Taylor, cela implique de donner un poids plus important à y_t. Plus le poids sur y est important, plus θ est faible et plus long sera l'ajustement de la prévision d'inflation à sa cible.

En conclusion, la prévision d'inflation est le bon objectif intermédiaire. La Banque Centrale devrait ajuster son taux d'intérêt de telle manière que sa prévision soit égale à sa cible ou revienne progressivement vers sa cible. C'est un instrument qui prend en compte les délais d'action et les chocs affectant l'économie.

Si on explicite la règle derrière l'objectif de ciblage d'inflation, on aboutit à une règle qui ressemble finalement à une règle de Taylor :

$$E_t\pi_{t+2} = E_t\pi_{t+1} + \alpha\beta_1 y_t - \alpha\beta_2(i_t - \pi_t) + E_t\alpha\eta_{t+1} + E_t\varepsilon_{t+2} = \pi^*$$

$$\Rightarrow E_t\pi_{t+1} + \alpha\beta_1 y_t - \alpha\beta_2(i_t - \pi_t) = \pi^*$$

Par ailleurs :

$$E_t\pi_{t+1} = \pi_t + \alpha y_t$$

$$\Rightarrow \pi_t + \alpha y_t + \alpha\beta_1 y_t - \alpha\beta_2(i_t - \pi_t) = \pi^*$$

$$\Rightarrow i_t = \alpha y_t + b(\pi_t - c\pi^*)$$: Quasi – règle de Taylor

Il est intéressant de noter que la règle de ciblage d'inflation pure conduit à une quasi-règle de Taylor qui prend en compte l'inflation courante, mais aussi l'écart de produit ! (le coefficient risque cependant d'être plus faible que s'il est pris directement en compte). En effet, un accroissement de l'écart de produit signale une inflation future élevée. Par exemple, un choc de demande en t (t) augmente la production en t puis l'inflation en t+1 via la courbe de Phillips puis l'inflation en t+2 en raison de la persistance de l'inflation. Un choc d'offre en t augmente l'inflation en t et fait baisser l'output gap en t.

Attention toutefois : ciblage d'inflation et règle de taux ne se confondent pas. La règle de taux est une politique définie par les moyens mis en œuvre (politique d'instrument). Le ciblage ne dit rien sur les moyens, mais est définie en termes d'objectif et de résultat[3].

3) Avantages et inconvénients du ciblage de l'inflation

Avantages

Par rapport à une règle de taux, la stratégie de ciblage de l'inflation est plus robuste en cas de changement dans la structure de l'économie (ce qui signifierait un changement dans les coefficients de la règle de Taylor), en cas d'événements extrêmes ou en cas d'incertitude sur le bon modèle de l'économie. Comme elle ne conditionne pas son action à des variables contemporaines, elle est plus riche en termes de comportement qu'une simple règle.

Si la stratégie de ciblage d'inflation est plus explicite quant à l'objectif poursuivi, elle est plus une boîte noire concernant les moyens mis en œuvre pour atteindre l'objectif. Dans le même temps, elle est mieux acceptée par les Banques Centrales. C'est une théorie qui concède un pouvoir discrétionnaire à la Banque Centrale, qui met l'accent sur son jugement ; c'est exactement ce que souhaitent les banques centrales: ne pas être dépouillé de leurs prérogatives.

Le second avantage est un degré élevé de transparence. La communication avec le public est extrêmement simple à mettre en œuvre. Une banque centrale indépendante, mais non élue démocratiquement a une responsabilité vis-à-vis de la population qu'elle sert. Un moyen intéressant pour elle de rendre compte de leur mandat est de pratiquer un niveau élevé de transparence.

---

[3]Pour prendre un exemple, quelqu'un qui souhaite perdre du poids peut viser un poids cible à moyen-terme ou définir une règle de comportement comme faire du jogging deux fois par semaine. La perte de poids à MT est l'objectif final. Le jogging hebdomadaire est l'objectif intermédiaire sur lequel la personne peut être jugée chaque semaine.

Inconvénients

L'un inconvénient de la stratégie de ciblage d'inflation est moins facilement contrôlable de l'extérieur, même si elle doit s'accompagner d'une prévision du sentier d'évolution du taux d'intérêt. Il y'a là également une confusion des rôles, car la Banque Centrale est contrainte par une prévision d'inflation ... qu'elle fabrique elle-même. Il y'a potentiellement un risque de manipulation des prévisions.

Les analystes doivent dans une certaine mesure faire confiance aux prévisions d'inflation future d'autant que celles-ci dépendent des scénarios de politique monétaire. Par exemple, les Banques Centrales communiquent sur l'inflation conditionnellement à la mise en œuvre future de la politique monétaire. Il y'a un risque de manipulation des projections, car l'inflation revient mécaniquement dans sa bande à moyen-terme. Une information complémentaire et utile consisterait à fournir les prévisions d'inflation à moyen terme à taux d'intérêt futurs inchangés.

De même, les prévisions sont incertaines par nature L'imprécision des prévisions d'inflation est une difficulté qui affecte toutes les banques centrales, quelle que soit leur stratégie. La stratégie de ciblage de l'inflation fait ressortir cette difficulté de manière particulièrement explicite. Le ciblage est fortement limité par la possibilité de formuler des prévisions relativement fiables à un horizon pertinent. Or, les prévisions à plus d'un an sont d'une précision faible. La politique monétaire opère sur un horizon sensiblement plus long.

Enfin, certains craignent que le ciblage de l'inflation en rejetant explicitement l'objectif de régulation du cycle ne conduise la banque centrale à donner trop d'importance à l'inflation par rapport à l'objectif de stabilisation de la production. Dans ce cas, le ciblage de l'inflation risque de conduire à plus d'instabilité dans la sphère réelle. Cela peut également déstabiliser le taux de change, ce qui contribue à la volatilité de la production dans les économies ouvertes.

Le problème de négligence de l'objectif de stabilisation du cycle se pose principalement en cas de chocs d'offres puisque dans ce cas l'inflation et la croissance évoluent en sens inverse. Toutefois, il ne faut pas exagérer les différences de comportement entre les banques centrales.

Toutes les Banques Centrales ciblent plus ou moins l'inflation, même celles qui officiellement ciblent la masse monétaire. La différence est que certaines Banques Centrales ont formalisé l'objectif et en ont fait un élément central de leur communication, notamment en publiant leur prévision à deux ans.

1.4. Le débat des instruments

Pratiquement toutes les banques centrales utilisent comme instrument le taux d'intérêt à court terme. Suivant les pays, ce sont des taux qui vont d'une maturité de 24 heures à 15 jours. La raison de ce choix est simple : c'est le seul taux qu'une banque centrale peut effectivement contrôler de manière précise. En effet, les actifs de très court terme sont très proches de la monnaie (liquidité), et la banque centrale a un monopole pour l'émission de monnaie. En contrôlant l'offre de liquidité, la banque centrale exerce une influence décisive sur les taux courts, et par ce biais les taux longs.

Le débat ciblage de la masse monétaire contre le taux d'intérêt : deux stratégies

- Taux à Court Terme => objectifs (inflation et stabilisation)
- Taux à Court Terme => objectif intermédiaire (M) => objectifs (inflation et stabilisation)

La distinction entre une règle d'évolution monétaire et une règle de taux d'intérêt peut sembler fine dans la mesure où dans les deux cas, la banque centrale contrôle le taux d'intérêt interbancaire. Si toutefois la banque centrale ajuste le taux interbancaire de façon à maintenir la masse monétaire le plus près possible d'un sentier cible de croissance, il sera préférable de parler d'une règle de masse monétaire.

Quel est l'instrument le plus adapté ? Tout dépend, nous dit Poole, de la nature des chocs qui affectent l'économie.

LM : $M = L(i,Y) + \varepsilon \Rightarrow M - \varepsilon = L(i,Y)$. Deux possibilités pour la Banque Centrale: fixer M ou fixer i.

*Si M est fixe => ciblage de la masse monétaire, i et Y sont constants si $\varepsilon = 0$. Si $\varepsilon > 0$, la demande de monnaie augmente => i augmente ou Y baisse =>a les mêmes effets qu'une restriction monétaire.
*Si i est fixe => ciblage du taux d'intérêt => l'offre de monnaie se déplace continuellement pour stabiliser le taux d'intérêt.

Quel ciblage préférer ? Graphiquement « $M - \varepsilon$ » peut se déplacer sans que la masse monétaire ne change. La Banque Centrale peut alors choisir de neutraliser ou non les mouvements de $M - \varepsilon$ sur i :

Figue 5 : Fixer le taux d'intérêt quand la demande de monnaie varie

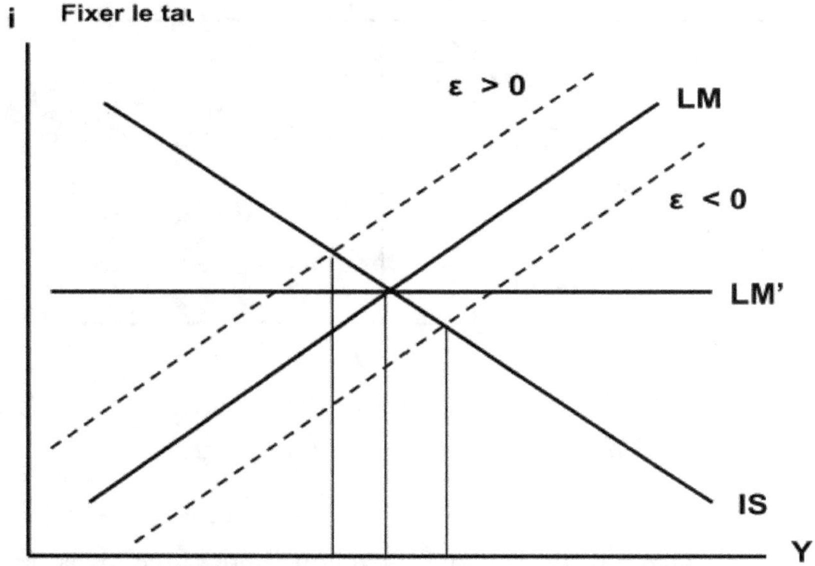

Source : Catherine MILLS, « économie monétaire », 2ème édition, Montchrestien, Paris 2011, page 214.

IS : $i = a - bY + \theta$. Une augmentation de θ signifie qu'une composante de la demande globale s'accroît sans que cette variation ne soit attribuable à une baisse du taux d'intérêt. Cela peut être une variation exogène de la consommation ou des dépenses publiques par exemple. Dans ce cas, cibler la masse monétaire est préférable au ciblage du taux d'intérêt:

Figure 6 : Fixer le taux d'intérêt en cas de chocs sur e marché des biens.

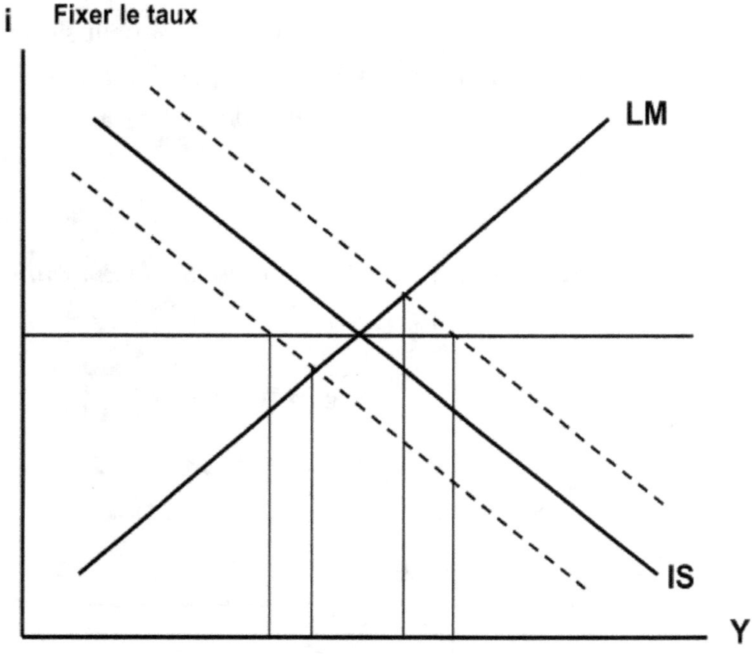

Source : Catherine MILLS, « économie monétaire », 2ème édition, Montchrestien, Paris 2011, page 215.

En effet se déplacer le long de LM fixe revient à conduire une politique de taux d'intérêt contra-cyclique alors que dans le cas inverse, le taux d'intérêt reste constant quel que soit l'état du cycle conjoncturel.

Conclusion : Fixer le taux d'intérêt est préférable à fixer M si les chocs de demande de monnaie dominent les chocs des dépenses. Intuition: les chocs de demande de monnaie devraient être parfaitement accommodés pour isoler le marché des biens et services, alors que les chocs de demande provenant d'IS devraient être combattus. Une bonne manière d'accommoder les chocs de demande de monnaie est de maintenir un taux d'intérêt constant. En pratique, les chocs sur la demande de monnaie sont les plus fréquents. Cela permet de comprendre pourquoi les taux sont fixes à basse fréquence.

1.4.1. La trappe à liquidité

Une trappe à liquidité (liquiditytrap) apparaît quand la politique monétaire devient inopérante. C'est une situation dans laquelle le taux d'intérêt nominal devient très faible, voire nul sans que cela ne relance l'activité économique.

Keynes (1936) soutient que les principaux pays développés étaient enlisés dans une trappe à liquidité dans les années 30. « A l'origine de la trappe à liquidité se trouve la borne inférieure sur le taux d'intérêt nominal. Le taux d'intérêt nominal ne peut pas être négatif, car dans ce cas, la monnaie dominerait les autres formes d'épargne (ruée vers la monnaie). La vente de titres contre de la monnaie augmenterait le taux d'intérêt. »[4] Cela représente une limite à l'action de la politique monétaire.

Une déflation peut devenir permanente en cas d'anticipations de déflation future, car en réalité le taux réel aujourd'hui dépend de l'inflation anticipée dans les années à venir. Avec un taux nominal à zéro, le taux d'intérêt réel est égal au taux de déflation anticipé. Il peut alors apparaître un cycle auto-entretenu déflationniste dans lequel un taux d'intérêt réel élevé entrave la demande et l'activité qui ne peut être relancé en raison de la contrainte de positivité du taux nominal.

[4]Si le taux nominal est proche de 0, le rendement de la monnaie, les agents acceptent n'importe quelle combinaison de monnaie et de titres dans leur portefeuille. LM est donc verticale quand i tend vers 0. Si i est proche de zéro, le rendement des bons est le même que celui de la monnaie. Une hausse de M se fait sans douleur pour les agents qui substituent leurs bons par de la monnaie sans baisse du taux d'intérêt.

1.4.2. Le relâchement quantitatif

Une fois que le taux d'intérêt est à 0, la Banque Centrale devient normalement impuissante puisqu'elle bute sur la borne inférieure. Ce n'est pas tout à fait vrai. En 1999, la BOJ atteint le plancher. En 2002, elle décide de se lancer dans des opérations dites de relâchement quantitatif (quantitative easing).

Un premier moyen consiste à rémunérer les réserves. Les réserves sont comme des dépôts que les banques détiennent auprès de la Banque Centrale. Ces dépôts ne sont normalement pas rémunérés. Dans ces conditions, les banques ont intérêt à ne laisser que le strict minimum et à prêter aux autres institutions financières les excédents de liquidité au taux du marché monétaire. Aujourd'hui, la Fed rémunère les réserves au taux du marché monétaire. Les banques peuvent donc détenir des montants croissants de réserves sans les remettre sur le marché monétaire et donc sans affecter le taux directeur.

De plus, le gonflement des réserves est une condition nécessaire, mais non suffisante à la reprise de l'activité de crédits.

Le relâchement quantitatif inclut également toutes les politiques visant à relancer la création monétaire et indirectement l'inflation (voir les propositions de Bernanke dans la partie sur la trappe à liquidité).

1.5. Effets macro-économiques de la politique monétaire

1.5.1. L'équilibre IS – LM

« La relation IS représente l'ensemble des combinaisons du taux d'intérêt et la production qui assurent l'équilibre sur le marché des biens et des services. La relation LM représente l'ensemble des combinaisons du taux d'intérêt et la production qui assurent l'équilibre sur le marché de la monnaie et de titres à l'offre de monnaie constante.

Les relations IS et LM permettent de déterminer les niveaux du taux d'intérêt et du revenu qui assurent l'équilibre sur les marchés des biens, de la monnaie et de titres (conformément à la loi de WALARAS, si les marchés de biens et de la monnaie sont en équilibre). Le taux d'intérêt, qui exprime la préférence pour la liquidité, a une influence sur le secteur réel par son impact sur l'investissement, donc sur le niveau de la demande globale. Mais le taux d'intérêt d'équilibre dépend aussi du niveau de la production (relation LM). Le taux d'intérêt est donc une variable fondamentale de l'équilibre global qui permet de relier les sphères réelles et monétaires.

L'équilibre obtenu ne correspond pas nécessairement au plein-emploi ; mais il est possible de mener des politiques monétaires (déplacement de LM) et budgétaires (déplacement de IS) pour parvenir au plein-emploi ».[5] (Waquet et Montouse, 2010)

1.5.2 L'équilibre IS – LM de sous-emploi

« Les marchés des biens, de la monnaie et des titres sont simultanément en équilibre si IS = LM. Cet équilibre est unique et stable. Unique, car il n'existe qu'un seul niveau de taux d'intérêt et un seul niveau de production tels que les marchés des biens, de la monnaie et de titres soient en équilibre.

Stable, car les agents n'ont aucune raison de modifier leurs décisions. Sur le marché des biens, les entreprises écoulent toute leur production et maximisent leur profit. Sur les marchés de la monnaie et des titres, le taux d'intérêt assure l'équilibre entre l'offre et la demande de monnaie et de titres. » (Waquet et Montouse, 2010).

[5]Isabelle Waquet et Marc Montousse, Macro-économie, éd. Bréal, 2010, p.130.

Figure 7 : Equilibre IS-LM de sous-emploi

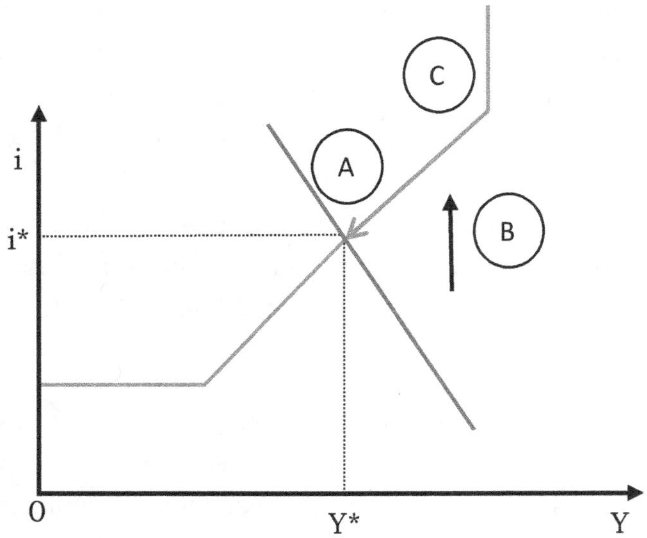

Source : Isabelle Waquet et Marc Monetousse, Macroéconomique, p.132.

« Si l'économie se situe au point B, l'équilibre n'est pas atteint ni sur le marché, ni sur le marché de la monnaie, ni sur le marché de titres.

Sur le marché des biens, le niveau de production est supérieur à la demande de l'épargne supérieure à l'investissement. Sur le marché de la monnaie, le taux d'intérêt est trop faible et la demande de monnaie est supérieure à l'offre de monnaie. Sur le marché des titres, l'offre de titres (ou la demande de capitaux des entreprises) est supérieure à la demande des titres (ou à l'offre des capitaux). Des mécanismes d'ajustement liés aux comportements des agents permettent d'atteindre d'équilibre au point A. Les marchés financiers s'adaptent plus rapidement que le marché des biens. Pour supprimer le déséquilibre entre l'offre et la demande de monnaie (et de titres), le taux d'intérêt augmente jusqu'au point C. Mais, au point C, l'offre de biens est toujours supérieure à la demande. Les entreprises vont réduire leur production jusqu'au point A. Parallèlement, la baisse de la production réduit l'épargne et diminue le taux d'intérêt.

Cependant, cet équilibre n'a aucune raison être un équilibre de plein-emploi car le niveau de la production est fixé en fonction de la demande globale et non en fonction de la production active. « Comme l'équilibre est stable, l'économie peut se maintenir en situation de sous-emploi des facteurs de production. »[6] (Waquet et Montouse, 2010).

1.5.3. L'équilibre global de plein-emploi dans l'IS–LM

« Il est cependant possible de parvenir à une situation de plein-emploi en déplaçant la droite IS par une politique budgétaire expansive, par exemple en augmentant les dépenses publiques, ou en déplaçant la droite LM par une politique monétaire expansive (hausse de l'offre de monnaie), ou encore en combinant les deux politiques, c'est-à-dire en menant une politique mixte.

1.5.4. L'explication des fluctuations à l'aide du modèle IS – LM

« L'intersection des courbes IS et LM détermine le niveau du revenu national. Celui-ci fluctue dès que l'une de ces deux courbes se déplace, modifiant l'équilibre à court terme de l'économie. Cette section montre comment les modifications des politiques économiques autant que les chocs affectant l'économie sont susceptibles de déplacer les courbes IS et LM. » (Waquet et Montouse, 2010).

Comment la politique budgétaire déplace la courbe IS et modifie l'équilibre de court terme ?

« Nous examinons tout d'abord l'impact des modifications de la politique budgétaire sur l'économie en nous souvenant que de telles modifications influencent la dépense prévue et déplacent donc la courbe IS. Le modèle IS – LM nous montre comment ces

[6]Isabelle Waquet et Marc Montousse, Op. cit., p.132.

déplacements de la courbe IS affectent le revenu et le taux d'intérêt. » (Mankiw, 2009).

1.5.5. Les modifications des dépenses publiques

« Nous commençons par l'impact d'une hausse des dépenses publiques. Selon le multiplicateur des dépenses publiques de l'équilibre keynésien, pour tout taux d'intérêt donné, cette modification de la politique budgétaire accroit le niveau de revenu.

C'est pourquoi, comme le montre le graphique ci-dessous, la courbe IS se déplace proportionnellement vers la droite. L'équilibre de l'économie passe du point A au point B.

La hausse des dépenses publiques accroit tant le revenu que le taux d'intérêt.

Pour bien comprendre ce qui se passe sur le graphique, il est utile de se souvenir des éléments du modèle IS-LM fournis par les théories keynésiennes de l'équilibre et de la préférence pour la liquidité, dont nous tirons l'enchaînement de faits suivants. La hausse des achats publics de biens et des services augmente la dépense prévue de l'économie. Ce qui stimule la production de biens et services et pousse à la hausse du revenu total Y. On reconnaît là les effets maintenant familiers issus de l'équilibre keynésien.

Nous nous tournons maintenant vers le marché monétaire que décrit la théorie de la préférence pour la liquidité, la demande de monnaie dans l'économie étant fonction du revenu. La hausse de ce dernier en suscite une augmentation pour tout taux d'intérêt donné. Mais l'offre de monnaie ne s'étant pas modifiée, ceci relève le taux d'intérêt d'équilibre.

Cette hausse du taux d'intérêt sur le marché monétaire incite les entreprises à revoir à la baisse leurs projets d'investissement, ce qui compense particulièrement l'effet expansionniste de la hausse des dépenses publiques. En bout de courbe, la hausse du revenu induite par l'expansion budgétaire dans le modèle IS-LM s'avère inférieur à ce que prévoit le modèle d'équilibre keynésien, où l'investissement est supposé constant. C'est ce que montre le graphique où le déplacement vers la droite de courbe IS est égal à la hausse du revenu d'équilibre dans le modèle keynésien et supérieur à son ampleur dans le modèle IS-LM. L'écart s'explique par l'effet d'éviction de l'investissement privé dû à la hausse du taux d'intérêt. » (Mankiw, 2009).

Figure 8 : Modification de dépenses publiques

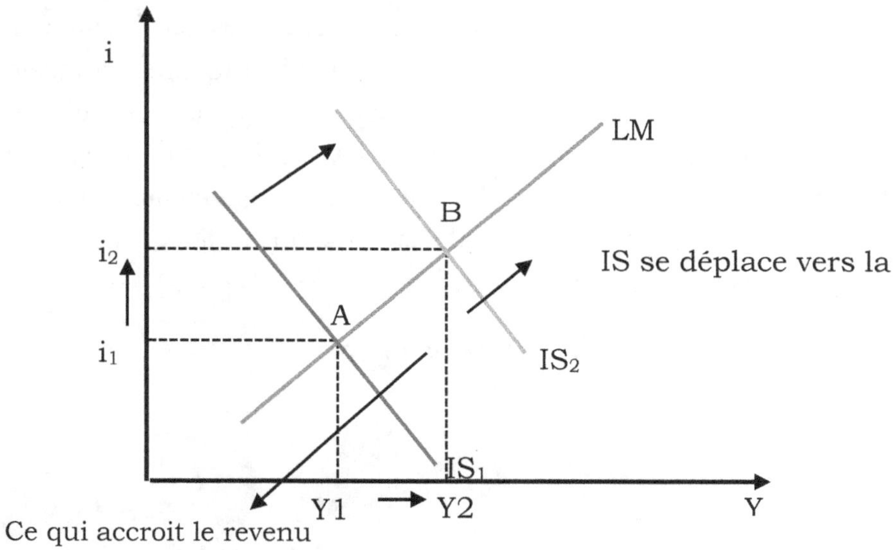

Source: Gregory N. Mankiw, Macro-économie, p.336.

Une hausse de dépenses publiques déplace la courbe IS vers la droite. L'équilibre passe de point A en B. Le niveau de revenu augmente de Y_1 et Y_2 et le taux d'intérêt aussi augmente en passant de I_1 en I_2.

1.5.6. Les modifications des recettes fiscales

« De même, le multiplicateur fiscal de l'équilibre keynésien nous dit que pour tout taux d'intérêt donné, une baisse des impôts accroît le niveau de revenu. En conséquence, comme l'illustre le graphique ci-dessous, la courbe IS se déplace proportionnellement vers la droite.

L'équilibre de l'économie passe du point A au point B : la réduction fiscale accroît à la fois le revenu et le taux d'intérêt.

On aura remarqué que la hausse du revenu faisant suite à une réduction des impôts est également moins importante dans le modèle IS-LM que dans l'équilibre keynésien. Cela ressort des graphiques représentant les modifications des dépenses publiques et les modifications des recettes fiscales. Dans le modèle de l'équilibre keynésien, le déplacement horizontal de la courbe IS est égal à la hausse du revenu d'équilibre. L'ampleur de celle-ci est supérieure à la hausse du revenu d'équilibre donnée par le modèle IS-LM. La raison en est que l'équilibre keynésien suppose donner le niveau d'investissement, tandis que le modèle IS-LM tient compte du fait que l'investissement baisse lorsque le taux d'intérêt augmente. Dans le modèle IS-LM, une expansion budgétaire accroît le taux d'intérêt et évince l'investissement. »(Mankiw, 2009).

Figure 9 : Modifications des Recettes Fiscales

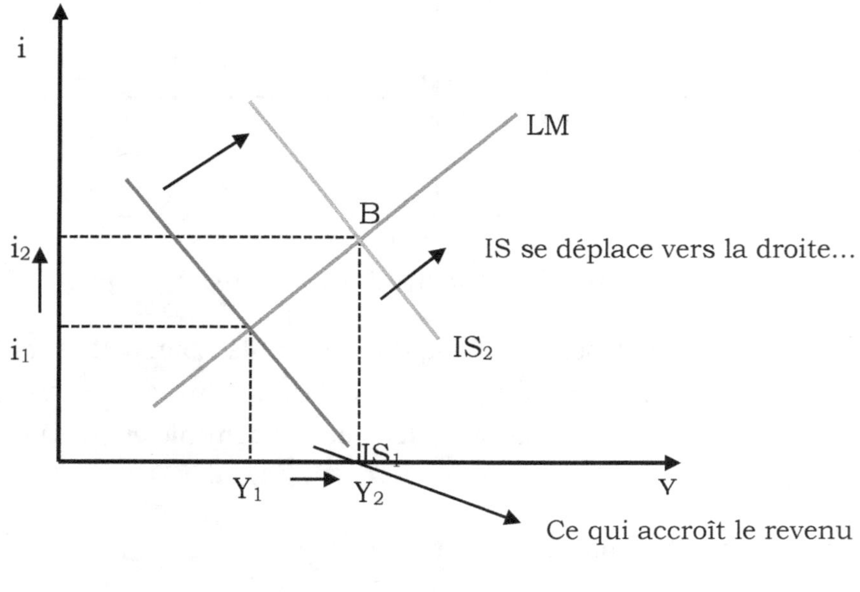

Source: Gregory N. Mankiw, Macro-économie, p.336.

Une baisse des impôts déplace la courbe IS vers la droite. L'équilibre passe de point A au point B revenu, augmente de Y_1 en Y_2et le taux d'intérêt augmente de I_1 en I_2.

Comment la politique monétaire déplace la courbe LM et modifie l'équilibre de court terme ?

« Les modifications de la politique monétaire modifient le taux d'intérêt qui équilibre le marché monétaire pour tout niveau de revenu donné et déplace donc la courbe LM : le modèle IS-LM nous montre comment un déplacement de la courbe LM affecte le revenu et le taux d'intérêt.

Une hausse de l'offre de monnaie M induit un accroissement de M/P puisque P est donné à court terme. Selon la théorie de la préférence pour la liquidité, pour tout niveau donné de revenu, un accroissement des encaisses monétaires réelles induit une baisse de taux d'intérêt. En conséquence, la courbe LM se déplace vers le bas, comme l'illustre le graphique ci-dessous. L'équilibre passe du point A au point B. La hausse de l'offre de monnaie diminue le taux d'intérêt et accroît le niveau de revenu.

A nouveau, les éléments de base du modèle IS-LM, l'équilibre keynésien et la préférence pour la liquidité, nous aident à comprendre la transition de l'économie de l'équilibre A vers l'équilibre B. nous partons cette fois du marché monétaire objet de la mesure initiale d'accroissement de l'offre de monnaie. Cette mesure a pour conséquence que les gens détiennent plus de monnaie qu'ils souhaitent au taux d'intérêt en vigueur. Ils constituent donc des dépôts bancaires et /ou achètent des obligations, ce qui a pour effet de faire baisser le taux d'intérêt jusqu'au point où les gens détiennent à nouveau toutes les encaisses créées par la banque centrale, point où s'établit le nouvel équilibre du marché monétaire. Cette baisse du taux d'intérêt a des effets sur le marché des biens et services, où elle stimule l'investissement prévu, ce qui accroît la dépense prévue, la production et le revenu Y.

Le modèle IS-LM nous montre donc comment la politique monétaire influence le revenu en modifiant le taux d'intérêt. Cette conclusion éclaire notre approche de la politique monétaire. Nous y avons vu qu'à court terme, lorsque les prix sont rigides, toute expansion de l'offre de monnaie accroît le revenu. Mais nous n'avons pas abordé le mécanisme de transmission monétaire, par lequel une expansion monétaire induit des dépenses accrues en biens et en services. Le modèle IS-LM indique qu'une hausse de l'offre de monnaie réduit le taux d'intérêt. Ce qui à son tour , stimule l'investissement et induit une expansion de biens et services. » (Mankiw, 2009).

Figure 10 : comment la politique monétaire déplace la courbe LM et modifie l'équilibre de court terme ?

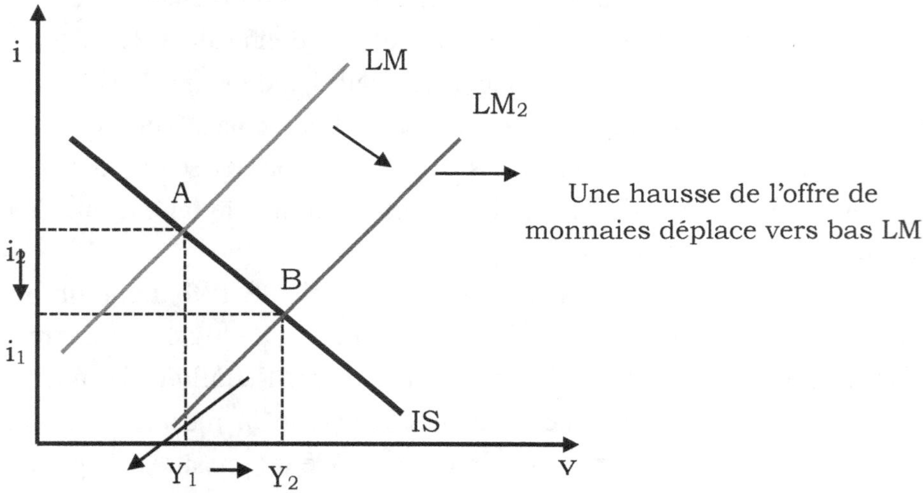

Source: Gregory N. Mankiw, Macro-économie, p.336.

Une hausse de monnaie déplace vers le bas la courbe LM. L'équilibre passe de A en B, le revenu augmente de Y_1 en Y_2 et le taux d'intérêt baisse de I_1 en I_2.

1.5.7. Interaction entre la politique monétaire et budgétaire

On ne peut oublier, dans l'analyse de toute modification de la politique monétaire ou de la politique budgétaire, que ces deux politiques ne sont pas nécessairement indépendantes l'une de l'autre. Si une modification de l'une des deux politiques affecte l'autre, cela peut avoir un impact sur le résultat qui en est attendu.

Il est cependant possible de parvenir à une situation de plein-emploi en déplaçant la droite IS vers la droite par une politique budgétaire expansive, par exemple en augmentant les dépenses publiques, ou en déplaçant la droit LM vers la droite par une politique monétaire expansive (hausse de monnaie), ou encore en combinant les deux politiques, c'est-à-dire en menant une Policy-mix. Ces politiques n'entrainent pas l'inflation puisque les facteurs de production sont sous-employés.

« L'offre n'est pas contrainte. Elle peut augmenter pour répondre à une hausse de la demande. Le modèle IS-LM légitime les politiques conjoncturelles de relance et de chiffre les moyens à mettre en œuvre pour résorber le chômage. »[7] (Waquet et Montouse, 2010).

Figure 11 : Interaction entre la politique monétaire et budgétaire

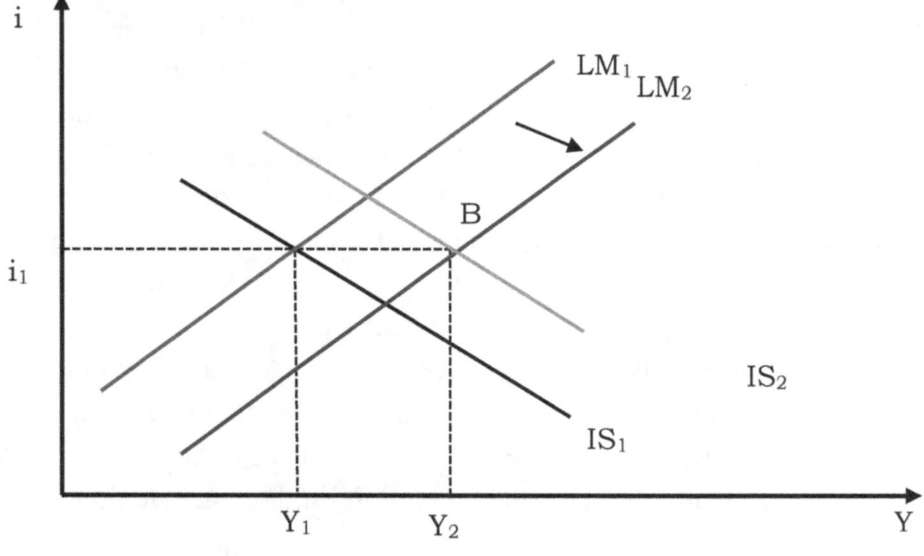

Source: Isabelle Waquet et Marc Monetousse, Macro-économie, p.132.

[7]Isabelle Waquet et Marc Montousse, Op.cit., p.132.

La Banque centrale s'efforce de maintenir constant le taux d'intérêt. Dans ce cas, comme la baisse des impôts ou l'augmentation de dépenses publiques déplace la courbe IS vers la droite, la Banque centrale doit augmenter l'offre de monnaie pour maintenir le taux d'intérêt à son niveau initial. Il s'ensuit un déplacement de la courbe LM vers le bas. Le taux d'intérêt ne baisse pas, mais le revenu augmente davantage comme si la Banque centrale avait maintenu constante l'offre de monnaie.

1.6. Conclusion partielle

Le chapitre qui s'achève nous a permis de retracer l'évolution théorique sur l'économie monétaire, la politique monétaire et du débat sur l'inexistence d'un effet de la monnaie sur l'activité économique. Il nous permet de faire ressortir par le biais de cette controverse tout l'enjeu que représente cette question pour la politique monétaire face aux variables macro-économiques. Tout d'abord dichotomique, l'analyse théorique s'est progressivement orientée vers une analyse intégrée de la monnaie. Le pas décisif fut l'analyse Keynésienne de 1936. Les critiques portées à cette dernière et les améliorations apportées à d'autres théories achèveront la construction théorique de l'analyse des effets de la monnaie sur l'activité économique. De nos jours, les autorités monétaires sont au centre de nombreuses préoccupations concernant notamment le soutien de la politique monétaire à l'activité et à l'emploi. Les réponses auxdites préoccupations passent inéluctablement par la maîtrise des fondements théoriques de chaque doctrine. La République démocratique du Congo est donc interpellée par ce grand débat autour de la monnaie des États Européens et des États-Unis d'Amérique dans la conduite de leur politique monétaire, d'où l'importance de tirer des enseignements à la lumière de l'expérience économique et monétaire nationale.

CHAPITRE 2. LES DETERMINANTS DE L'ECONOMIE EN REPUBLIQUE DEMOCRATIQUE DU CONGO

2.1. INTRODUCTION

L'activité économique n'a véritablement d'autre finalité que de permettre aux gens de mener une vie qui soit décente, enrichissante culturellement et relativement longue. Il s'agit là d'une aspiration toute légitime symbolisée aujourd'hui, au plan planétaire, par l'établissement et le suivi de l'indice de développement humain (IDH) au niveau de chaque pays et son classement par rapport à l'ensemble des autres pays. L'examen de l'état des lieux du développement humain (DH) et de ses composantes en RDC a permis de constater, à l'occasion de l'élaboration du rapport national sur le DH (RNDH) 2014, la fragilité des progrès réalisés en matière de santé, d'éducation et de revenu national par habitant, qui sont les principales composantes de l'IDH. Il s'avère, à cet effet, que la RDC doit non seulement consolider ses acquis en ces trois domaines, mais aussi s'attaquer à l'amélioration de la géographie même du DH et aux autres questions transversales qui conditionnent tant le progrès économique et social que la cohésion nationale pour l'émergence de la RDC espérée par les dirigeants à l'horizon 2030.

La demande sociale est très pressante pour la requalification des conditions de vie en RDC d'autant plus que, depuis plus d'une dizaine d'années, la croissance économique s'est nettement améliorée et même accélérée sans qu'elle ne se traduise à travers le pays par une baisse importante de la pauvreté et des inégalités sociales et économiques. Ceci soulève en substance la question de l'inclusivité de la croissance dans toutes ses dimensions essentielles.

L'objet de ce chapitre est d'éclairer d'un jour nouveau la gouvernance du DH en construction en RDC en partant de la problématique de la croissance inclusive. Cette gouvernance gagnerait tant en cohérence qu'en consistance par l'adhésion à une stratégie à même de traduire dans les faits les aspects qui fondent le conceptmême de DH, à savoir : la participation des bénéficiaires au processus de prise de décisions, la transparence dans l'usage des ressources et la redevabilité des gouvernants à l'égard de leurs administrés.

Le développement est essentiellement un processus de transformation multidimensionnelle de la société. Il comporte des aspects quantitatifs et qualitatifs susceptibles de concourir au relèvement constant des standards de vie. De ce point de vue, la croissance économique en constitue un moyen privilégié en ce qu'elle permet de concrétiser les aspirations fondamentales doit être judicieusement coordonnée par les institutions publiques dans l'intérêt de l'ensemble des communautés du pays.

La décentralisation territoriale instituée en RDC par la constitution du 18 février 2006, si elle est infléchie au sens du développement local, peut servir de cadre opérationnel à l'inclusivité de la croissance et au développement durable en favorisant, sur l'ensemble du territoire national, un processus de diversification et d'enrichissement des activités économiques et sociales, grâce à une mobilisation et une utilisation judicieuse des ressources humaines, économiques, naturelles, financières et techniques dans le sens du strict respect de l'équilibre tant spatial qu'écologique et intergénérationnel.

Le principal message qui transcende ce chapitre est que la soutenabilité de l'inclusivité de la croissance et l'amorce d'un développement durable, en RDC, passent nécessairement par un meilleur aménagement du territoire national et une profonde remise en cause du modèle d'accumulation extensive hérité de l'époque coloniale que les stratégies et politiques subséquentes ont amplifié et dénaturé. Les relations villes-campagnes congolaises donnent le juste reflet des conséquences du modèle d'accumulation extensive sur les différentes dimensions de la problématique de l'inclusivité de la croissance en RDC.

Cette analyse s'articule autour de cinq points essentiels : 1) la précision du contenu du concept-clé de « croissance inclusive » ; 2) l'état des lieux de l'inclusivité de la croissance en RDC sur quatre dimensions (sectorielle, sociale, géographique et financière) ; 3) les opportunités et défis de l'inclusivité de la croissance en RDC ; 4) les ressorts pervers du modèles historique d'accumulation de la richesse ; et 5) un regard sur les axes stratégiques qu'un modèle alternatif d'accumulation favorable à la croissance inclusive.

Une brève conclusion rappelle l'importance qu'il y a d'avoir une impulsion marquée de la part des pouvoirs publics pour s'assurer de la participation des bénéficiaires d'une part au processus de prise de décisions des concernant et, d'autre part, au processus de création des richesses et de répartition de fruits de la croissance elle-même. Tâche qui revient opportunément à la décentralisation en construction.

La croissance inclusive : contenu et implications

Différentes définition de la croissance inclusive sont proposées par les institutions multilatérales et les chercheurs. De la revue de la littérature, il se dégage, à quelques nuances près, que la croissance inclusive implique fondamentalement deux choses, à savoir : une large participation de la population au processus des fruits de la croissance. Une production de richesse soutenue et une multiplication des opportunités sociales équitablement distribuées représentent deux autres facteurs clés de l'inclusivité de la croissance.

La soutenabilité du processus de croissance exige la présence ou la création d'emplois viables et à forte productivité pour garantir la compétitivité du système productif national dans un environnement fortement concurrentiel. Suivant cette même logique, la création d'emplois de qualité (décents et productifs) contribuera à la diminution du taux de chômage et, à travers la distribution des revenus, à l'élévation du pouvoir d'achat de la population et à la réduction de la production intérieure et donc source de création ou de consolidation du cycle d'accumulation de la richesse.

Ainsi, la première dimension importante associée à la croissance inclusive est la création d'emplois (décents), facteur de réduction de la précarité et de réduction de la pauvreté monétaire via l'augmentation du pouvoir d'achat de la population. La seconde dimension attachée au concept de la croissance inclusive est celle de l'équité dans le partage du fruit du processus de l'accumulation à l'effet de réduire les inégalités sociales, sectorielles et géographiques.

Les inégalités désignent en effet « des différences entre des individus ou des groupes sociaux qui sont socialement perçues comme injustes ou illégitimes ». Elles se traduisent notamment en termes d'avantages ou de désavantages par rapport à une échelle de valeurs. Elles se distinguent du principe général d'égalité selon lequel des individus au sein d'une société doivent avoir les mêmes chances d'accès aux opportunités économiques et sociales.

Il importe de souligner que, de manière intuitive, le lien entre croissance et égalité n'est pas figé dans un sens prédéfini. Certaines analyses, inspirées de principes du consensus de Washington, admettent et mettent en évidence une corrélation positive entre croissance économique et inégalités sociales. Une concentration des revenus favoriserait l'investissement, principal moteur de croissance économique et source de prospérité. Ainsi, la meilleure façon d'entretenir cette prospérité serait de favoriser l'émergence d'un groupe d'individus plus fortunés au détriment de la majorité et à l'effet de les inciter à investir l'efficacité recherchée à travers l'incitation à l'investissement conduit à reléguer au second rang la dimension « équité » relative à la distribution des revenus.

A l'opposé de la vue précédente, des recherches récentes ont révélé que l'amplification des inégalités fait baisser la demande nationale d'autant plus vrai que les plus défavorisés se trouvent peu à même d'investir pour s'instruire, et donc peu en mesure d'améliorer leur capital humain (OCDE, 2014). Pour remédier à cette situation, « il faudrait corriger les inégalités pour rendre les sociétés plus justes et les économies plus fortes ».

Au nom de l'équité, l'inclusivité de la croissance requiert, par ailleurs, la prise en compte, d'une part, de l'impact écologique de l'activité économique et, d'autre part, de la nécessité de préserver les ressources naturelles, les deux exigences étant étroitement liées au bien-être intergénérationnel.

Etat des lieux de l'inclusivité de la croissance en RDC

L'inclusivité de la croissance est un état qui peut être appréhendé à deux niveaux différents : celui des unités microéconomiques concernées par l'évolution de leur bien-être, et celui du pays dans son ensemble ou de ses différentes régions prises comme entités macroéconomiques. Dans la littérature, on considère que la mesure de l'inclusivité de la croissance gagnerait en puissance indicative en utilisant des données micro sociales qui ont l'avantage de prendre en compte le point de vue et l'expérience des individus eux-mêmes (Lokota et al., 2015). Néanmoins, une telle approche nécessiterait un effort considérable, au-delà du temps et des ressources disponible, pour collecter et traiter la foule d'informations primaires requises. En revanche, les indicateurs macroéconomiques de suivi de l'inclusivité de la croissance comportent un avantage opérationnel, puisqu'ils peuvent être construits à partir d'indicateurs sectoriels préexistants.

D'après l'approche de la banque asiatique de développement (voir Ngonga et Tombola, 2015), un épisode de croissance peut être qualifié d'inclusif s'il se caractérise par une combinaison des traits essentiels suivants :

(i) La réduction de la pauvreté et des inégalités ; (ii) un large accès de la population aux opportunités économiques et sociales (emplois, éducations, santé, eau potable, électricité…) ; (iii) la protection sociale et la promotion du genre ; et (iv) l'amélioration de la gouvernance et de la qualité des institutions. Dans chacun de ces quatre paliers, il existe plusieurs sous indicateurs d'évaluation et de suivi susceptibles d'être combinés pour construire un seul indicateur synthétique de mesure et de suivi de l'inclusivité de la croissance.

Inclusivité et qualité de la croissance

L'inclusivité de la croissance est étroitement liée à la qualité de la croissance elle-même (Mlachila et al. (2014). Une croissance est dite « de qualité » lorsqu'elle est forte, stable et soutenue, de manière à accroître la productivité et permettre l'atteinte des objectifs relatifs à l'amélioration du bien-être social et à la réduction de la pauvreté. Sur cette base, les auteurs précités ont construit une mesure dénommée « indicateur de la qualité de la croissance (QC) », dans le but d'analyser les facteurs les plus déterminants du récent épisode de forte croissance pour un échantillon de 93 pays dont 43 ont situés en Afrique.

L'IQC est un indicateur composite qui prend en compte deux sortes d'éléments complémentaires, à savoir : 1) les « fondamentaux de la croissance « (la vigueur, la volatilité, la diversification économique et l'orientation externe de la demande) ; et 2) les « retombées sociales de la croissance « en termes d'éducation et de santé. Le tableau 2.1 renseigne sur l'évolution de l'IQC de la RDC, en 1990-2011, ainsi que sur le rang occupé par ce pays par rapport à l'ensemble de l'échantillon retenu et l'ensemble des pays africains.

Tableau 2.1 : Qualité de la croissance en RDC selon l'IQC

	1990-1994	**1995-1999**	**2000-2004**	**2005-2011**
IQC de la RDC	0,392	0,346	0,371	0,488
Moyenne de l'échantillon	0,55	0,58	0,62	0,65
Rang de la RDC sur 93 pays de l'échantillon	78ème	87ème	89ème	83ème
Rang de la RDC sur 40 pays africains	26ème	33ème	36ème	32ème

Source : Tableau élaboré à partir de Mlachila et al (2014)

Globalement, l'IQC de la RDC qui était de 0,392 en 1990-1994, semble s'être amélioré durant la décennie 2000 marquée par un fort profil de croissance. Par contre, le positionnement de la RDC ne s'est amélioré qu'en 2005-2011 par rapport à l'échantillon des pays retenus ainsi que par rapport aux autres pays africains. A cet égard, l'IQC n'est qu'une mesure sommaire et agrégée de l'inclusive de la croissance qu'il convient de compléter par un examen approfondi de l'inclusivité de la croissance aux plans sectoriel, social, géographique et financier.

Tableau 2.2 : Indicateurs macroéconomiques, de 1996 à 2016.

Année	**Croissance du PIB réel (en %)**	**Inflation en fin de période (en %)**	**Revenu par habitant en USD**	
			RDC	ASS
1996	-1,1	693	130	559
1997	-5,4	13,7	120	572
1998	-1,7	134,8	120	535
1999	-4,3	483,7	100	516
2000	-6,9	511,2	130	502
2001	-2,1	135,1	140	490
2002	3,5	15,8	190	486
2003	5,8	4,4	160	528
2004	6,7	9	160	657
2005	7,8	21,5	200	791
2006	5,6	18,2	220	899
2007	6,3	9,9	250	986
2008	6,1	27,6	270	1089
2009	2,8	53,4	290	1114
2010	7,2	9	300	1218
2011	6,9	15,4	310	1336
2012	7,2	2,7	350	1543
2013	8,5	1,07	370	1606
2014	9,5	1,03	400	1638
2015	6,9	0,82	410	1637
2016	2,5	11,24	-	-

Les piliers de la croissance

La RDC figure actuellement parmi les pays performants de l'Afrique subsaharienne. Entre 2010 et 2014, l'économie congolaise s'est accrue de 7,9% en moyenne. Le secteur minier demeure le principal moteur de la croissance avec une contribution moyenne de 60,7% en 2010-2014. En 2014, la contribution à la croissance des industries extractives s'est située à 49,5% suivie de celle des industries manufacturières (11,3%) et des services marchands (10,4%). Confrontée à une faible productivité, l'agriculture qui occupe 71,2% de la population active du pays (INS, 2014), voit sa contribution à la croissance décliner d'année en année, bien que son poids relatif dans le PIB se situe à près de 19%, comme renseigné au tableau 2.3 ci-après.

Tableau 2.3 : Contribution des secteurs à la croissance, 2010-2014.

Secteur	**Contribution à la croissance (en points de pourcentage)**						**Part dans PIB (en %)**
	2010	2011	2012	2013	2014	2010-2014	En 2014
Industries extractives	124,3	69,5	32	28,3	49,5	60,7	22,2
Industrie manufacturières	-5,8	2,9	7,9	12,3	11,3	5,8	15,6
Service marchands	-8,5	2,8	5,7	7,1	10,4	3,5	6,9
Agriculture, pêche, élevage	10,3	10,2	9,2	9,2	8,8	9,5	18,6
Transports et commun	-11,1	1,1	10,3	13,9	8	4,4	9,7
Commerce	-6,3	1,8	22,4	14,2	7,2	7,9	9,9
Service non marchands	-4,9	0,7	-0,7	2	3,1	0,04	5,2
Bâtiments, travaux publics	0,7	8,8	8	6,7	0,5	4,9	4,5
Electricité, gaz, eau	0,1	-0,4	0,7	0,6	0,5	0,3	0,9

Source : *Banque Centrale du Congo, rapport annuel 2014.*

L'économie congolaise a subi des transformations structurelles importantes au niveau de la composition du PIB. Ces mutations sont reflétées essentiellement à deux niveaux :

- La baisse remarquable du poids du secteur tertiaire (qui est passée de 43% à 32,3% du PIB, entre 2005 et 2015, au profit du relèvement du secteur primaire passé de 32,1% à 39,7% ;
- La montée de l'industrie extractive au détriment de l'agriculture au sein du secteur primaire.

La baisse du secteur tertiaire n'a épargné ni le commerce de gros et de détail, ni les transports et communications, ni encore les services marchands. Quant au secteur secondaire, sa part relative dans le PIB s'est maintenue à une moyenne de 21,4%, grâce essentiellement à l'essor rapide des bâtiments et travaux publics compensant la chute des industries manufacturières.

Figure 2.1 : Mutation des structures de production

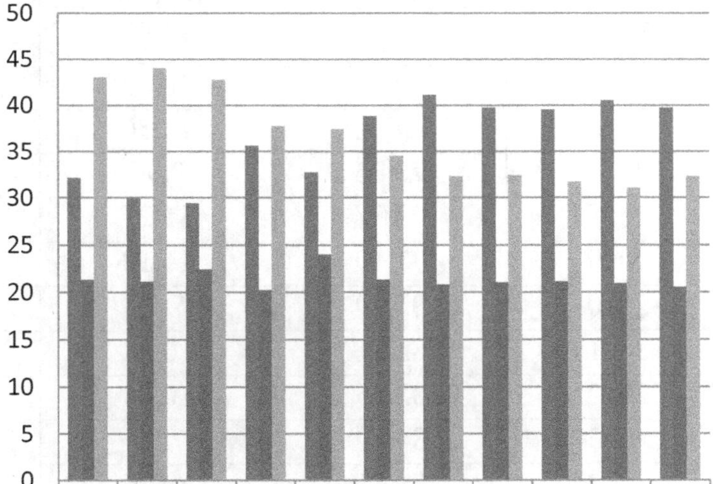

	2005	2006	2007	2008	2009	2010	2011	2012	2013	2014	2015
Secteur primaire	32,1	29,9	29,4	35,6	32,7	38,8	41,1	39,7	39,5	40,5	39,7
Secteur secondaire	21,3	21,1	22,4	20,2	24	21,3	20,8	21	21,1	20,9	20,5
Secteur tertiaire	43	44	42,7	37,7	37,4	34,5	32,3	32,4	31,7	31	32,3

Source : *Banque Centrale du Congo, rapport annuel 2015 et note de conjoncture 2016.*

L'extraversion de l'économie

Le dynamisme des activités extractives s'explique en grande partie par le maintien des cours mondiaux favorables pour le cuivre et un afflux massif de l'investissement direct étranger au cours de ces dernières années, portant ainsi la production du cuivre de 26 389 tonnes en 2005 à 1 065 744 tonnes, en 2014. Le cuivre et le cobalt sont revenus les principaux produits d'exportation de la RDC ; ces deux produits ont représenté 85% du total des exportations contre 8% pour le pétrole en 2013.

Tableau 2.4 : Compositions des exportations de la RDC, 2004-2016 (en % du total des exportations).

	Part du cuivre et du cobalt	**Part du pétrole**	**Autres produits**
2004	24,21	18,77	57,03
2005	29,24	18,02	52,74
2006	36,7	16,56	46,74
2007	70,76	9,96	19,74
2008	72,77	11,24	15,99
2009	77,19	11,18	11,63
2010	81,39	7,74	10,87
2011	82,31	10,38	7,31
2012	82,25	10,88	6,93
2013	84,59	7,95	7,47
2014	79,81	6,25	13,93
2015	80,18	3,92	15,93
2016	78,75	2,21	19,05

Source : *Banque Centrale du Congo, Rapports annuels 2004-2014, 2015 et Evolution économique récente 2016.*

La prépondérance accrue des produits miniers dans les exportations de la RDC expose son économie à la volatilité des cours mondiaux et à des conséquences économiques et sociales en chaîne. A titre illustratif, la chute des cours mondiaux consécutive à la crise financière internationales de 2007-2008 s'est soldée en RDC non seulement par une baisse importante des exportations et un ralentissement de l'activité économique (de 8,5% en 2008 à 2,8% en 2009), mais aussi par une importante diminution des emplois dans le secteur minier, l'effritement des réserves de change, la montée du taux de change et des prix intérieurs sur les marchés et, finalement, un effondrement significatif du pouvoir d'achat des population (Cassimon et Kabuya, 2010).

L'extraversion de l'économie congolaise est un trait marquant du modèle d'accumulation hérité de la période coloniale. Ce modèle paraît inadapté à la promotion d'une croissance inclusive, comme cela sera explicité davantage plus loin. Cette extraversion est reflétée non seulement dans la forte dépendance de la croissance à l'égard du dynamisme des secteurs extractifs, dont l'essentiel de la production est exporté, mais aussi dans le fait que la consommation de masse et les approvisionnements des entreprises sont assurés en grande partie par les importations. En outre, les sources des capitaux de ces entreprises sont d'origine étrangère.

Les entreprises du secteur minier ne réinvestissent pas nécessairement leurs profits dans le pays et ne garantissent pas une reproduction élargie (Marysse, 2015). Des estimations de la rente minière basées sur de ventes estimées par la DGRAD, prix moyens des compagnies minières et cours mondiaux) font clairement ressortir une sous-estimation de la part de la rente minière devant effectivement revenir à l'Etat (Marysse et Tshimanga, 2013).

La mobilisation des revenus issus des secteurs des ressources naturelles a représenté en moyenne 8,3% du PIB entre 2010 et 2015. De manière séparée, le prélèvement effectif sur le secteur minier a progressé modestement, alors que celui opéré sur le secteur pétrolier tend à diminuer, comme renseigné dans le tableau 2.5 ci-dessous.

	Secteur minier	Secteur pétrolier	Industries extractives
2010	4,6	2,7	7,3
2011	6,6	3,3	9,9
2012	5,6	2,5	8,1
2013	6,4	2,2	8,6
2014	7,1	1,7	8,8
2015	7,1	0,8	7,9

Source : *Banque Mondiale et CTR sur la base des données ITIE et annuaire statistique 2015 (en cours de préparation).*

Une faiblesse intégration sectorielle

Principal moteur de la croissance, le secteur minier devrait en principe exercer des effets d'entraînement en amont, notamment, sur les transports, la construction, l'électricité et les services marchands (restauration, nettoyage, gardiennage, maintenance et réparation des véhicules, etc.).

Le secteur agricole devrait, lui aussi, bénéficier de la demande induite par les salaires distribués par le secteur minier. En l'absence d'un tableau d'entrées-sorties permettant d'appréhender de tels flux d'échanges intersectoriels, l'évolution divergente des secteurs productifs renseignée sur le tableau précédent traduit en quelque sorte le peu d'intégration qu'il y a entre l'activité de l'industrie extractive et celles des autres secteurs de l'économie congolaise. C'est dire que l'inclusivité sectorielle est encore à construire.

Inclusivité sociale

La relation croissance, emploi, intégralités et pauvreté est un thème récurrent en économie du développement. Le fait que la croissance réduit généralement la pauvreté monétaire n'implique pas forcément que chaque individu profite de la croissance. Certaines personnes ou groupes de personnes peuvent être exclus des dividendes de la croissance, ou simplement voir leur situation empirer.

Après une très longue période de régression, l'économie congolaise a renoué avec la croissance en 2002. Cette évolution favorable suscite davantage l'impératif de voir les fruits de la croissance être largement partagés au sein de la société en termes d'emplois décents et rémunérés, de réduction de la pauvreté et des inégalités de revenu, d'accès élargi aux soins de santé et à l'éducation. C'est par rapport à l'accès aux opportunités économiques et aux opportunités sociales que le bilan de l'inclusivité sociale de la croissance en RDC est dressé ici. Il sera complété par l'examen de la situation socio-économique des femmes et des jeunes.

Accès aux opportunités économiques

Emplois et revenus. Entre 2010 et 2014, la RDC a enregistré des taux de croissance économique exceptionnellement élevés, soit en moyenne 7,8% contre 5,3% pour l'Afrique subsaharienne. Principal moteur de la croissance, le secteur minier est cependant un secteur extrêmement intensif en capital, de la phase de prospection à la phase d'exploitation proprement dite. Il ne crée donc pas suffisamment d'emplois directs. Comparativement à l'exploitation minière industrielle, le secteur minier artisanal est de nature à générer, exercés dans des conditions d'insalubrité pour la vie humaine. Il est, estimé, selon les sources, que 500.000 à 2.000.000 de creuseurs artisanaux évoluaient dans ce segment en 2012.

Tableau 2.6 : Structure des emplois par secteur institutionnel et par secteur d'activité

	Kinshasa	**Milieu urbain (Sans Kinshasa)**	**Milieu rural**	**Total RDC**
Par secteur institutionnel				
Administration	15,4	10,2	3,2	5,7
Parapublic	6,8	6	1,5	2,9
Privé formel	15,1	5,7	0,4	2,8
Informel non agricole	61,1	54,7	17,3	28,9
Informel agricole	1,6	23,4	77,5	59,7
Secteur d'activité				
Primaire	2,3	25,8	84,2	71,2
Industrie	14,6	13,9	4,5	4,9
Commerce	32,6	28,7	3,8	15,2
Services	50,5	31,6	7,6	9,2

Source : Enquête 1-2-3 INS (2014)

L'emploi en RDC est essentiellement agricole. En effet, 71,2% des actifs occupés sont employés dans l'agriculture, tandis que près d'un quart dans le commerce ou les services (24,4%) et 4,4% dans l'industrie. L'importance de secteur agricole est plus grande pour les femmes que pour les hommes. La structure par branches des emplois diffère cependant nettement selon le milieu de résidence des actifs. En milieu urbain, c'est le secteur tertiaire (commerce et services) qui prédomine, regroupant plus des deux tiers des emplois, 83% à Kinshasa par exemple. Quant à la répartition par secteur institutionnel des emplois, c'est l'ensemble du secteur informel qui occupe la première place avec 88,6% des actifs occupés au niveau national.

Le secteur public (administration et parapublic) vient en deuxième position avec 9,6% des emplois dans l'ensemble de la RDC et 22,2% dans la capitale. Par contre, 15,1% des actifs travaillent dans le secteur privé formel de la capitale tandis que ce secteur est peu représenté dans les autres zones urbaines (6%) et quasiment inexistant en milieu rural.

Le taux d'activité désigne le rapport entre la population active et la population en âge de travailler. En RDC, le taux d'activité est de 56%, soit 28,8 millions d'individus qui sont concernés. Le faible taux d'emplois structurés et les déséquilibres induits du marché du travail ont contribué au renforcement du marché informel de l'emploi. Il ressort de l'enquête 1-2-3 de 2012 sur l'emploi et le secteur informel en RDC que les revenus moyens du secteur informel sont inférieurs à ceux qui prévalent dans le secteur formel, tant en milieu urbain qu'en milieu rural ; et les revenus moyens du secteur informel non agricole sont supérieurs à ceux observés dans l'informel agricole.

Tableau 2.7 : Revenu mensuel moyen par secteur (en USD)

	Milieu urbain	**Milieu rural**
Secteur formel	160,13	51,57
Informel non agricole	76,87	42,28
Informel agricole	39,46	30,59
Tous les secteurs	92,15	41,48

Source : Enquête 1-2-3/2012, institut national de la statistique, 2014.

C'est dans l'agriculture que les revenus monétaires sont les plus faibles : le revenu moyen est de 27 964FC et le revenu médian de 15 000FC. Les revenus tirés des services, du commerce et de la production industrielle sont, eux, plus importants même s'ils restent inférieurs à ceux obtenus en milieu urbain, les revenus moyens y étant respectivement de 43 623 FC, 47 384 FC et 54 228 FC. Le revenu mensuel moyen en milieu urbain est de 83 000 FC. Cette moyenne cache cependant d'importantes disparités puisque le revenu médian n'est que de 49 000FC, soit moins que le salaire minimum actualisé de 54 128 FC. Les hommes gagnent en moyenne 1,6 fois plus que les femmes. Ce ratio est de 1,8 milieu urbain rural.

Chômage et pauvreté. Pour que la croissance soit inclusive, elle doit conduire à une rapide réduction du chômage et de la pauvreté. Le taux de chômage est certes un indicateur de tension sur le marché du travail, mais son contenu et sa mesure, appliqués notamment l'économie congolaise, font l'objet de controverses. Plusieurs mesures ont été envisagées en fonction de concepts de « taux de chômage strict », « taux de chômage élargi » et « taux de chômage doublement élargi » (INS, 2014).

Le taux de chômage strict au sens du BIT implique trois choses : (i) ne pas travailler pendant la semaine de référence ; (ii) être disponible pour travailler dans les 15 jours ; et (iii) être à la recherche active d'un emploi. La notion de chômage élargi permet d'identifier les personnes désireuses de commencer un travail mais qui ne font pas de démarches pour en obtenir, jugeant leurs perspectives sur le marché du travail insuffisamment bonnes. Quant au chômage doublement élargi, ou encore chômage subjectif, il désigne des personnes ayant déclaré qu'ils ne travaillent pas pour des raisons indépendantes de leur volonté. Quelle que soit la définition du chômage adoptée, le tableau 2.8 ci-dessous renseigne que les jeunes des tranches d'âge de 15 à 24 et de 25 à 34 ans sont durablement touchés par le chômage.

Tableau 2.8 : Taux de chômage par tranche d'âge et milieu de résidence

	15-24 ans	**25-34 ans**	**35-54 ans**	**55-64 ans**	**65 ans et +**	**Ensemble**
Taux de chômage au sens du BIT						
Kinshasa	49,9	20,4	12,3	6,5	13,7	18,8
Autre urbain	15,5	9,8	5,2	2,7	2,8	7,8
Urbain	24,6	12,7	7,4	3,8	6,3	11,1
Rural	3,1	1,8	0,7	0,3	0,5	1,4
RDC	8,8	5,4	3,1	1,4	2,1	4,5
Taux de chômage au sens large						
Kinshasa	59,1	33,3	20	12,8	15,4	28,5
Autre urbain	30,3	16	8,4	5,7	3,8	14
Urbain	38	21,1	12,2	7,8	7,5	18,5
Rural	5,8	2,9	1,5	0,9	0,7	2,6
RDC	15,5	9,2	5,4	3,1	2,7	8
Taux de chômage doublement élargi						
Kinshasa	74,2	41,1	24,5	15,6	18,6	38,8
Urbain	61	28,6	16,1	11,7	11,7	30,9
Rural	24,2	6,2	3,5	2,6	2,6	10,4
RDC	37,8	14,4	8,1	5,3	5,3	17,7

Source : Enquête 1-2-3/2012, Institut national de la statistique, 2014.

Tableau 2.9 : Indicateurs de pauvreté en 2005-2012 (en %)

	Incidence de la pauvreté		**Profondeur de la pauvreté**		**Sévérité de la pauvreté**	
Milieu de résidence	2005	2012	2005	2012	2005	2012
Urbain	61,5	54,6	32,2	20	14,1	9,7
Rural	75,7	69,1	34,9	29	19,8	15,7
Anciennes provinces						
Kinshasa	41,6	31,3	13,4	8,4	5,9	3,3
Bandundu	89,1	79,2	44,8	35,1	26,6	19
Bas-Congo	69,8	50,3	23,8	13,9	10,6	5,1
Katanga	69,1	64,9	32,5	26,4	18,4	14,3
Kasaï Oriental	62,3	78	27	35,9	14,8	20,6
Kasaï Occidental	55,8	76,6	21,5	35,6	10,7	20,5
Equateur	93,6	78,6	50,7	35,5	31,4	19,6
Nord-Kivu	72,9	54	32,2	18,3	18,4	8,4
Sud-Kivu	84,5	66,9	38,6	24,5	20,9	11,3
Maniema	58,5	67,5	20,4	26,5	9,8	13,1
Oriental	75,5	56,7	34	20,5	18,9	10,1
RDC	**71,3**	**63,4**	**32,2**	**25,5**	**32,2**	**13,3**

Source : INS, enquête 1-2-3, RDC (2005 et 2012) ; RNOMD 2014.

Face aux performances économiques remarquables en RDC, les réponses de la pauvreté restent non proportionnelles au rythme de la croissance enregistrée. L'incidence de la pauvreté a été ramenée de 71,34% en 2005 à 63,41% en 2012 contre une cible de 40% pour les objectifs du Millénaire pour le développement (OMD),

Ceci montre que, malgré la tendance générale positive, les efforts importants doivent être déployés dans une stratégie cohérente de lutte contre la pauvreté à travers le pays. En effet, la situation de pauvreté a empiré, entre 2005 et 2012, particulièrement dans les anciennes provinces du Kasaï-Oriental et du Kasaï-Occidental et dans le Maniema. L'amélioration de l'incidence de la pauvreté est plus sensible en milieu urbain où elle tombe de 61,9% à 54,4%qu'en milieu rural où elle recule de 75,72% à 69,1% sur la période considérée.

Inégalité de revenus. La croissance en RDC s'est accompagnée d'un relèvement du PIB par habitant. En parité de pouvoir d'achat international de 2005 (Banque mondiale, 2015). En matière de distribution des revenus, l'indice de Gini est passé de 60 en 2007 à 44,4 en 2012. La tension entre le revenu moyen des 20% des congolais les plus riches et celui des 20% les plus pauvres, est certes descendue de 15,1 en 2007 à 9,3 en 2012. Mais l'immobilisation du coefficient de Gini à 44,4 au cours des dernières années est une indication d'un certain arrêt de progrès en matière de réduction des inégalités de revenu en RDC. La question des inégalités est une dimension importante de DH ; l'ajustement de l'IDH aux inégalités en RDC amène à une perte de la valeur réelle de l'IDH pour la majorité de la population.

Tableau 2.10 : Inégalités de revenu en RDC

	2007	**2010**	**2012**	**2013**
Indice de revenu				
Rapport des quintiles de revenu	15,1	9,3	9,3	9,3
Indice de Gini	60	44,4	44,4	44,4
IDH valeur		0,239	0,304	0,338
IDH ajusté aux inégalités				
Valeur		0,07	0,108	0,155
Perte en %		22,1	36,8	21,2

Source : PNUD, Rapports sur le développement humain 2010 à 2014.

Accès à l'opportunité sociale

C'est une évidence d'affirmer ici que lorsqu'elles existent en fonctionnent correctement, les infrastructures socioéconomiques ne peuvent qu'améliorer le bien-être social des plus démunis. La disponibilité des hôpitaux équipés et des écoles viables dans les zones désavantagées sont susceptibles d'améliorer le capital humain par l'accès aux soins de santé et d'assurance de l'éducation pour tous, et ainsi assurer l'égalité des chances et la cohésion sociale.

Les établissements d'enseignement

Les infrastructures communautaires telles que les écoles sont qualifiées de rares lorsqu'elles sont situées à plus de 10km pour plus de 80% des ménages congolais (INS, 2014). Parmi les infrastructures scolaires concernées par l'enquête 1-2-3, on note l'école maternelle, l'école primaire, l'école secondaire, le centre de formation professionnelle, des institutions d'enseignement supérieur et de centre d'alphabétisation. Le régime de gestion est également pris en compte, à savoir le régime public, le régime privé et le régime conventionné. Sur l'ensemble du territoire national, la majeure partie des infrastructures est localisée à plus de 10 kilomètres du lieu de résidence des populations, ce qui traduit un faible niveau d'accessibilité géographique.

Par ordre d'importance, les infrastructures concernées sont : les institutions d'enseignement supérieur (4,7%), l'école maternelle ou garderie publique (84,3%), les centres de formation professionnelle (83,5%) et l'école maternelle/garderie conventionnée (80,7%).

A l'inverse, les infrastructures les plus accessibles, celles situées à moins de 1km des lieux de résidence des populations sont par ordre d'importance : l'école primaire conventionnée (60,2%), l'école primaire publique (39,3%), l'école secondaire conventionnée (36,0%), l'école secondaire publique (31,2), l'école primaire privée (28,2) et le centre d'alphabétisation) (26,2%).

Trois infrastructures sont considérées comme les moins accessibles : l'école maternelle/garderie publique, le centre de formation professionnelle et les institutions d'enseignement supérieur avec un taux d'accès respectivement de 13,0%, 12,2% et 9,1%. D'une manière supérieure, en RDC, les infrastructures sociales sont majoritairement situées à plus de 10km.

Les établissements sanitaires

S'agissant des infrastructures sanitaires, les résultats de l'enquêtent, par l'ordre d'accès de 30 minutes ou moins, que les poste de santé la pharmacie et le centre de santé constituent les infrastructures les plus accessibles géographiquement. Leur taux d'accès est respectivement de 77,3%, 59,1% et 50%. L'hôpital public et l'hôpital privé sont les moins accessibles respectivement pour 9% et 50% des villages.

Les conditions de vie matérielles

Plusieurs caractéristiques déterminent le niveau de confort des habitations dont les plus importantes renseignent sur les matériaux de construction des murs, l'utilisation de l'électricité, le raccordement au réseau de distribution d'eau et le type de toilettes. Selon le rapport de la Banque Mondiale (2017) 52,4% des logements en milieu urbain sont construits en dur contre seulement 7,2% en milieu rural. Certains services relatifs à l'électricité et à la distribution d'eau sont totalement inexistants en milieu rural. Ces différences en matière de conditions de vie matérielles constituent une indication supplémentaire de la non-inclusivité sociale de la croissance en RDC.

Tableau 2.11 : Principaux éléments de confort des logements (en % des ménages)

Éléments de confort	Milieu urbain	Milieu rural
Murs en dur	52,4	7,2
Électricité	40,8	1
Robinet extérieur	26,9	1,1
Aisance avec chasse extérieur	7,1	-
Robinet intérieur	5,6	-
Aisance avec chasse intérieur	3,5	-
Energie gaz	0,3	-

Source : Banque mondiale (2014).

La protection sociale

L'autre dimension sociale importante a trait au régime de sécurité sociale la population peut bénéficier. La « sécurité sociale »désigne un service public de l'Etat, qui assure l'ensemble des risques sociaux des travailleurs salariés et des professions libérales, des travailleurs indépendants et des travailleurs non-salariés.

Elle fournit les prestations prévues par le code de la sécurité sociale. L'Etat peut en confier la gestion à divers organismes de droit privé ou privé qui, de ce fait, sont chargés d'une mission de service public.

Les régimes de sécurité sociale comprennent notamment l'assurance maladie, la couverture de la maternité et la paternité, l'assurance invalidité, l'assurance vieillesse, l'assurance décès, l'assurance veuvage, et la réparation des risques professionnels. Vu sous cet angle, l'assurance renvoie aux aspects liés entre autres à la santé, à la pension, à l'allocation familiale, à la couverture des risques professionnels.

La base légale et juridique de la sécurité sociale en RDC est la constitution et les instruments juridiques internationaux. Sur le plan national, l'article 36 de la constitution congolaise stipule que « que le travail est un droit et un devoir sacrés pour chaque congolais. L'état garantit le droit au travail, la protection contre le chômage et une rémunération équitable et satisfaisante assurant au travailleur ainsi qu'à sa famille une existence conforme à la dignité humaine, complétée par tous les autres moyens de protection sociale, notamment, la pension de retraite et la rente viagère ».

Dans son préambule, la constitution du 18 février 2006 telle que révisée par la loi n° 011/022 du 20 janvier 2011 réaffirme l'adhésion et l'attachement de la république démocratique du Congo (RDC) à la déclaration universelle des droits de l'homme, à la charte africaine des droits de l'homme (…), aux instruments internationaux relatifs à la protection et à la promotion des droits de l'homme.

La déclaration universelle des droits de l'homme, en particulier, les articles 22 et 25, le pacte international relatif aux droits économiques, sociaux et culturels, spécialement les articles 9, 11 et 12 proclament le droit à la sécurité sociale comme droit de la personne humaine.

La charte africaine de droits de l'homme et des peuples consacre plusieurs droits sociaux fondamentaux qui relèvent du domaine de la sécurité sociale, à savoir le droit à la protection de la santé, le droit à la protection de la maternité, le droit aux allocations familiales, le droit aux prestations de vieillesse (article 16-18).

La déclaration de Philadelphie (1944), reconnaît l'obligation solennelle pour l'organisation d'internationale du travail (OIT) de contribuer à réaliser (…) l'extension des mesures de sécurité sociale en vue d'assurer un revenu de base à tous ceux qui ont besoin d'autre telle protection ainsi que des soins médicaux complet. Tous ces instruments juridiques nationaux et internationaux servent de fondement solide à la reconnaissance du droit de tout citoyen congolais à la sécurité sociale.

De manière générale et conformément au décret-loi du 19 juin 1961 régissant la sécurité sociale en RDC, c'est l'institut national de sécurité sociale, « INSS » qui est l'organe attitré pour l'application des différentes dispositions liées à la sécurité sociale. Il reste le seul organe qui s'occupe des pensions de retraite, d'invalidité, d'allocation familiale. Le système de sécurité sociale en vigueur en RDC présente à ce jour quelques limites quant à l'étendue des prestations et au taux de couverture.

En effet, le système actuel revêt un caractère très sélectif des bénéficiaires du régime de sécurité sociale qui ne vise que les catégories socioprofessionnelles exerçant une profession salariée dans le secteur formel aussi bien public que privé. Ce qui laisse de côté la grande majorité du secteur informel représentant 90 à 95% de la population active. Une telle exclusion ne peut que réduire la portée même du système de protection sociale. A cela s'ajoute la gamme très limitée de prestations couvertes par le régime, en l'occurrence, cinq sur les neuf recommandées par l'OIT. Par ailleurs, les pécules versées ou octroyées aux bénéficiaires de ce système de protection sociale sont très modiques. Elles sont calculées sur la base des rémunérations (salaires) du reste très dérisoires dans les services publics.

Dans la perspective d'une stratégie efficace de mise à la retraite au sein de la fonction publique, le gouvernement envisage la création de la caisse nationale de sécurité sociale des agents et fonctionnaires de l'Etat (CNSSAP), appelée à financer entre autres les différentes opérations liées à la mises à la retraite (indemnités de sortie, pécule de retraite, montant mensuel à verser aux retraités). L'annonce de la mise en place de ce nouvel outil, qui constitue certes un jalon important pour le démarrage d'un processus crédible de mise à la retraite, appréciées à travers la hauteur de l'indemnité de sortie et des pécules de retraite, ne sont pas améliorée.

Plusieurs mutuelles de santé ont vu le jour en RDC pour permettre à la population de faire face aux soins de santé ; les plus actives et mieux connues se trouvent dans les anciennes provinces du Bas-Congo, de l'Équateur, du Kasaï occidental, du Nord-Kivu et Sud-Kivu ainsi que de la ville de Kinshasa.

Inclusivité géographique

Le territoire est un facteur important du développement. Il sert de réceptacle aux activités de production et d'échange, mais aussi d'indication de l'étendue des possibilités économiques permises par la géographie d'un pays. Le processus même de transformation économique des espaces en République Démocratique du Congo s'est accompagné, inévitablement, de certaines inégalités dont les plus marquantes sont examinées dans ce qui suit en termes de polarisation spatiale des activités économiques et d'inégalités d'accès aux infrastructures communautaires de base.

La polarisation spatiale des activités

Les régions comme les pays se spécialisent en fonction de leurs avantages comparatifs dictés notamment par leurs dotations en ressources naturelles et par le degré de leur mise en valeur. Ceci constitue un premier niveau à la fois de structuration de l'activité économique et d'inégalités spatiales observées en République Démocratique du Congo, tant en matière de dynamisme économique des régions que de revenu moyen par habitant.

L'ensemble des régions de la RDC possède des sous-sols riches en minerais, en métaux et en hydrocarbures. Plus de 110 minéraux et métaux sont répertoriés. La plupart de ces ressources sont inexplorées et inexploitées. L'ancienne province du Katanga, les deux Kivu et le Maniema recèlent les ressources minérales les plus diverses et les plus importantes, comme le montre le tableau 2.13 ci-dessous. Chaque province congolaise et dotée en outre d'un certain potentiel agricole, de pêche et d'élevage. Les données disponibles sur la structuration et la contribution des provinces au PIB national, en 2010, témoignent de la polarisation spatiale et sectorielle de la croissance et, par voie de conséquence, une concentration des hauts revenus en quelques endroits. Dans le rapport statistique sur la production de la Banque Mondiale 2006-2010-, il s'y dégage les principaux constats suivants :

- Deux provinces du pays, le Katanga et la ville de Kinshasa, produisent 46% du PIB national. A elle seule, la province du Katanga a réalisé la part la plus importante avec 26% en moyenne au cours de la période 2006-2010. Cinq provinces (Bandundu, Equateur, Kasaï Orientale et Province Orientale) contribuent à hauteur de 39% et sont classées provinces moyennes, avec chacune une production située dans la fourchette de 7,9% du total. Le reste des provinces ne produisent que 15% du total.
- A l'exception de Kinshasa et du Nord-Kivu, ainsi que dans une certaine mesure les deux Kasaï, l'économie congolaise reste fortement dominée par le secteur primaire (50% en moyenne).

La contribution du secteur agricole s'est située dans la fourchette comprise entre 81,6% et 87,2%, le Bandundu se situant en première position et Kinshasa à la toute dernière place.

- Le secteur minier au Katanga a représenté près de 85% de la population minière du pays. avec moins de 15% du total du PIB nominal au niveau national, le secteur minier a affiché une plus grande contribution à la croissance tant de l'économie nationale que celle du Katanga, sur la période 2006-2010.
- La province de Kinshasa accuse une surreprésentation des secteurs secondaires et tertiaires au détriment du reste du pays, grâce à son avantage comparatif en infrastructures et en diverses facilités administratives.
- En 2010, la part du secteur des services dans le PIB des provinces s'est établie à 31% en moyenne. Ce secteur caractérise également les activités dans le Nord-Kivu (53,7% du PIB). Le commerce de gros et de détail constitue la principale activité de la branche des services marchands.
- Dans les deux Kasaï, ce sont les activités du secteur agricole et de celui des services qui prédominent dans la production.
- En termes de revenu, le PIB par habitant s'échelonne en provinces de 123,3 USD pour le Kasaï occidental à 632,7 USD pour Kinshasa, soit du simple au sextuple.

Tableau 2.12. : Répartition des principales ressources minérales par province

Anciennes provinces	**Minéraux**
Bandundu	Diamants, or, pétrole
Bas-Congo	Bauxite, phosphate, diamants, or, cuivre, zinc, calcaire, vanadium, pétrole
Equateur	Fer, cuivre, or, diamants
Province Orientale	Or, diamants, fer, tungstène, Coltan, étain
Kasaï Orientale	Diamants, fer, argent, nickel, cuivre, étain
Kasaï Occidental	Diamants, or, manganèse, chrome, nickel
Katanga	Cuivre, cobalt, oxyde d'étain, tungstène, platine, manganèse, calcaire, uranium, charbon, palladium, coltan, germanium, or, argent, diamants, fer, plomb, zinc
Nord-Kivu	Or, niobium, oxyde d'étain, tantalite, tungstène, platine, saphirs
Sud-Kivu	Or, niobium, oxyde d'étain, tantalite, tungstène, platine, saphirs, tourmaline, améthyste, quartz, pierres semi-précieuses, cuivre, gaz, pétrole, cobalt
Maniema	Diamants, oxyde d'étain, coltan, or, tungstène

Source : Domergue et Mpoyi (2012).

Tableau 2.14 : Composition sectorielle par province et contribution au PIB national (en 2006-2010)

	PIB courant		Composition sectorielle en % du PIB provincial				En % du PIB national
	En (US$)						
Province	En milliards	Par habitant	Agriculture	Mines	Secteur secondaire	Secteur tertiaire	En % du PIB national
Kinshasa	4,57	632,7	8,2	0,3	17,9	72,3	20
Katanga	5,89	573,3	17	53,7	9,1	17,6	26
Bas Congo	1,65	331,8	52	26,8	11,7	8,3	7
Equateur	2,03	306,5	76	0	3,6	14,8	9
Kasaï Oriental	1,71	301,9	39	2,5	12,5	43	8
Bandundu	1,72	234,9	82	0,1	2	13,2	8
Sud-Kivu	1,08	236,6	67	2,4	7,3	20,7	5
Orientale	1,63	215,5	50	0,6	10,5	35,6	7
Nord-Kivu	1,13	213,6	27	0,8	12,4	53,7	5
Maniema	0,36	198,2	63	4,2	6,9	21,2	2
Kasaï occidental	0,61	123,3	42	2,1	14,6	38,4	3

Source : Nintunze et al. (2012).

Les inégalités en matière d'infrastructures communautaires

Accès à l'eau potable et à l'électricité. Les résultats de l'enquête de la BAD/RDC (2005-2015) montrent que 50,2% des ménages congolaise ont accès à l'eau potable au niveau national en 2012, alors que ce taux se situait à 22% en 2005. Cette proportion cache néanmoins des fortes disparités spatiales : 85,1% des ménages urbains, contre 30,6% en milieu rural en 2012, comparativement à 37% en milieu urbain, contre 12% en milieu rural en 2005. Kinshasa se place en bonne position avec 98,7% des ménages ayant accès à l'eau potable, puis viennent par ordre décroissant : le Nord-Kivu (65,3%), le Sud-Kivu (65,3%), le Sud-Kivu (58,4%), l'ancienne province du Bas-Congo (54,3%), le Maniema (49,9%), l'ex-Katanga (49,9%), l'ex-Katanga (46,2%), le Kasaï Oriental (44%) et l'ex-Province Orientale (43,6%). La desserte en eau potable est nettement insuffisante dans les anciennes provinces du Kasaï Occidental (22,2%), de l'Equateur (29,3%) et du Bandundu (33,7%). On considère ici comme eau potable, celle provenant des robinets, des sources aménagées, des puits protégés, des forages et des bornes fontaines.

En ce qui concerne l'électricité, le taux d'accès à cette source d'énergie est évalué à 15% en 2012 contre 6% en 2005, ce qui montre une amélioration du taux d'accès à l'électricité de 9 points au niveau national, entre 2012 et 2005. Cependant, cette configuration comporte des implications tant en matière énergétique que l'équilibre écologique. La plupart des ménages de la RDC utilisent le bois de chauffe (65,6%) et le charbon de bois (26,8%) pour la cuisson des aliments, soit au total 92,4% d'énergie de cuisson provenant de la forêt. Si en milieu urbain c'est le charbon de bois qui est le plus utilisé (54,0%) et particulièrement à Kinshasa (51,6%), en milieu rural c'est le bois de chauffe qui l'est le plus (86,7%). Ceci a certainement des conséquences sur la déforestation et l'environnement en général.

Accès aux voies de communication

La route comme infrastructure communautaire est indispensable pour la mobilité des personnes, les échanges commerciaux et par conséquent le bien-être des populations. Dans l'ensemble, 95,2% des ménages mettent plus d'une heure pour atteindre une route en latérite, 86,4% pour la route carrossable et plus d'un congolais sur deux (54,5%) prend plus d'une heure pour se rendre sur une route asphaltée ou bitumée. Pour accéder à la quasi-totalité des infrastructures agricoles, les populations congolaises marchent à pied et utilisent dans des proportions faibles les moyens de transport motorisés. En dehors des infrastructures scolaires, sanitaires et agricoles, la cabine téléphonique devient de plus en plus l'infrastructure la plus accessible.

Inclusivité financière

On entend par « inclusion financière » la proportion de particuliers et d'entreprises qui utilisent les services financiers formels. L'inclusion financières est considérée par les experts comme un important facteur de stimulation de la croissance économique et d'amélioration du bien-être des ménages (Dabla-Norris et al., 2015). Le fait pour les PME, par exemple, de ne plus dépendre que de leur autofinancement pour investir, accroît leurs possibilité d'innovation et d'élévation de leur productivité grâce à une meilleure inclusion financière. Ce faisant, les PME sont à même de contribuer davantage à la création d'emplois ainsi qu'à la réduction de la pauvreté et des inégalités de revenus, qui constituent des dimensions essentielles de l'inclusivité de la croissance comme définie plus haut. Les décideurs politiques ont alors un rôle important à jouer, non seulement pour identifier les contraintes qui entravent l'inclusion financière, mais aussi pour favoriser autant que possible le recours de leur population à des services financiers adaptés, déverrouillant ainsi leur potentiel économique. Au plan pratique, l'inclusion financière est appréhendée à travers deux dimension-clés, à savoir : (i) Les niveau d'accès géographiquement aux produits et aux services financiers tant formel qu'informels ; et (ii) le type de produits et services financiers utilisés par la population concernant essentiellement le crédit, l'épargne, l'assurance, les facilités de paiement et de transfert d'argent.

Tableau 2.15 : panorama de l'inclusion financière dans la SADC (en %).

	Bancarisés	Autres formels	Informels	Exclus
Maurice	85	3	2	10
Afrique du sud	75	5	6	14
Swaziland	54	10	9	27
Zimbabwe	30	39	!	23
Malawi	27	7	15	51
RDC	12	24	12	52

Source : FINMARK TRUST et UNCDF, « Enquête FinScope sur les consommateurs RDC 2014 », Kinshasa, mars 2015.

D'après l'enquête FinScope (2015) sur les consommateurs en 2014, la RDC compte parmi les plus bas niveaux d'inclusion financière de la région de la SADC. Seulement 48% de la population interrogée sont concerné par l'inclusion financière, à raison de 36% dans le secteur formel (12% auprès des banques et 24% dans des institutions financières non bancaires) et de 12% dans le secteur informel. A contrario, l'exclusion financière s'est élève à 52% en RDC.

- Seulement 3% des personnes interrogées affirment avoir un compte financier, soit dans les banques, soit dans les institutions de microfinance (IMF), soit les coopératives d'épargne et de crédit (COOPEC) ; les principales motivations de la tenue de comptes sont généralement l'épargne et la sécurité de l'argent. Le plus grand obstacle au recours à ces institutions financières est leur méconnaissance. La modicité des revenus est un autre obstacle qui explique par ailleurs le faible niveau de déploiement des banques que des IMF et COOPEC.
- L'épargne est gérée essentiellement par des moyens informels. Elle est pour beaucoup destinées à faire face à des situations d'urgence planifiées et non planifiées. La faiblesse des revenus disponibles est citée comme le plus grand obstacle à l'épargne.
- Le recours à l'emprunt est très faible avec seulement 8% de personnes qui disent emprunter, principalement auprès de la famille

et des amis. La dette est la plus grande crainte suivie par la limite des revenus. Les dépenses médicales, la nourriture et les raisons de développement sont parmi les principales motivations à l'emprunt.

- L'assurance en RDC est incroyablement basse, avec 1% des adultes dans les zones de l'enquête déclarant quelque usage. Les principaux obstacles à l'assurance sont la valeur des actifs, le manque de familiarité, l'absence de compréhension et le coût même de l'assurance.
- Les transferts formels d'argent sont l'un des facteurs les plus importants de l'inclusion financière en RDC, et ¼ des adultes dans les zones de l'enquête affirment les utiliser. Cette inclusion financière est à son tour sous-tendue par l'utilisation de messageries financières.
- Bien que les taux d'utilisation et de possession d'un téléphone mobile par les personnes interrogées soient respectivement de 57% et 47% en RDC par rapport aux autres appareils de communications, ils demeurent faibles comparés à d'autres pays de la SADC. Si 35% des adultes interrogés en RDC connaissent le « mobile money », seulement 4% déclarent utiliser ce moyen de paiement. Les plus grandes barrières à son adoption sont la sensibilisation et la méconnaissance qu'il existe encore des opportunités d'élargir l'usage du « mobile money ».

Globalement, le défi de l'inclusion financière est particulièrement marqué parmi ceux qui tirent leurs revenus de l'agriculture. En effet, hormis les personnes sans emploi, les niveaux de bancarisation et d'accès aux IMF et COOPEC sont les plus faibles chez les agriculteurs, sont respectivement 4% et 17% et leur degré d'exclusion financière de 68% est parmi les plus élevé, comme l'indiquent les données du tableau 2.16 ci-après.

Parmi les mesures prioritaires d'inclusion financière recommandées par l'étude FinScope précitée, il y a le soutien conséquent à apporter à l'agriculture par des subventions ciblées dans la chaîne de valeurs des principaux intrants et récoltes agricoles, mais aussi à travers des campagnes de communication de masse pour accroître la notoriété des institutions financières les plus importantes. Le développement des messageries financières doit également être encouragé afin de mieux répondre aux besoins de la population.

D'après Financial Afrik (2014), avec 35 millions d'usagers du téléphone mobile, la monnaie électronique s'érige en véritable opportunité de décupler l'inclusion financière en RDC. D'abord, parce que l'usage du téléphone est de plus répandu à travers le pays. Les compagnies cellulaires, par leurs agences et le réseau de revendeurs des cartes des crédits, sont, de loin, mieux implantées dans le pays que les agences des banques. Ensuite, la monnaie électronique est une technologie simple et ne nécessite pas un niveau élevé de connaissances. Il suffit de savoir manier un téléphone pour effectuer toutes les opérations (dépôt, transfert, paiement d'une facture d'électricité, etc.). Il reste seulement à l'Etat, par le truchement de la banque centrale du Congo (BCC), d'accorder plus de flexibilités dans le système bancaire pour booster « mobile money » vers le « mobile banking », en renforçant le dispositif juridique et prudentiel pour la monnaie électronique, les opérations e-banking et la monétique.

Tableau 2.16 : Panorama de l'accès à l'inclusion financière en RDC par principales activités génératrices de revenus en 2014.

Sources de revenu				
	Bancarisation	**IMF et COOPEC**	**Informalisation financière**	**Exclusion financière**
Emploi formel	39	29	9	23
Entrepreneur	169	28	14	42
Vente aux voisins	14	24	21	41
Emploi informel	7	30	12	51
Dépendance aux tiers	11	29	7	53
Agriculteur	4	17	14	68
Pas d'emploi	5	6	7	82

Source : FINMARK TRUST et UNCDF, « Enquête FinScope sur les consommateurs RDC 2014 », Kinshasa, Mars 2015.

Opportunités et défis de la croissance inclusive en RDC

Face à la quête d'une croissance inclusive, la République Démocratique du Congo se présente avec un certain nombre d'opportunités à saisir, de défis à révéler et des contraintes à surmonter. Sont considérées comme opportunités remarquables de ce pays ; l'étendue de sa richesse naturelle et humaine ainsi que son positionnement géostratégique favorable. Les principaux défis à surmonter sont au nombre de quatre, à savoir : (i) le défis de l'aménagement spatial du territoire et de l'intégration économique ; (ii) le défis de la transition démographique ; (iii) le défi de la gouvernance des ressources naturelles ; et (iv) le défi d'accès à l'économie du savoir et du savoir-faire. La principale contrainte à surmonter est relative à la volonté politique indispensable à la mobilisation des énergies créatrices.

Des opportunités à saisir

Un potentiel économique diversifié. Les attentes sociales de la population sont immense légitimes et pressantes. Elles exigent la mise en œuvre des moyens conséquents pour les satisfaire. De ce point de vue, la RDC dispose d'un atout majeur dans la multiplicité de ses espaces stratégiques : forêts, zones minières et agricoles, cours d'eau, milieu urbain et milieu rural. La diversité et l'importance des potentialités naturelles de la RDC sont renseignées dans le tableau ci-dessous.

Tableau 2.17 : Potentialités naturelles de la RDC

Secteur	**Potentialités**
Agriculture	80 millions d'hectares de terres arables dont seulement 12% sont utilisés. Un territoire à cheval sur l'Equateur et une alternance des saisons agricoles, des planes, des plateaux, des montagnes riches en hydrographie.
Mines	Plus de 1.100 substances minérales différentes disponibles
Energie	Ressources hydro-électriques évaluées à 100 000 MW (1/3 du potentiel africain) ; capacité de production : 2.526,75 MW dont 56% disponibles et 87% d'origine hydraulique.
Hydrocarbures	6% des réserves pétrolières localisées dans 3 bassins : (i) côtier ; (ii) sédimentaire de la cuvette centrale (avec 22 blocs non encore attribués) ; (iii) branche ouest du rift est-africain (Graben Albertine avec 5 Blocs, dont 1 ouvert à l'exploration, Graben Tanganyika avec 11 blocs ; lac Kivu, ouvert à l'exploitation du gaz méthane ; lac Moero et lac Upemba).
Forêts	145 millions ha (47% des forêts tropicale mondiales africaines et 6% des réserves tropicales mondiales) ; plus de 1000 essences forestières identifiées ; production potentielle : 10.000.000m^3 de bois par an.
Tourisme	12% du territoire érigé en aires protégés ; 57 réserves et domaines de classe ; 4 espèces endémiques : gorille de montage, okapi, bonobo et paon ; 7 parcs nationaux dont 4 classés dans le patrimoine mondial de l'UNESCO ; nombreux sites touristiques paradisiaques.

Source : *RDC, Ministères du plan, Vision de la RDC à l'horizon 2050, PNDS, Kinshasa 2016.*

Un positionnement géostratégique favorable

De par sa position géographique, la République démocratique du Congo est le seul pays en Afrique qui partage ses frontières avec 9 autres états voisins : l'Angola, le Burundi, le Congo-Brazzaville, la République Centrafricaine, l'Ouganda, le Soudan, le Tchad, le Rwanda, et la Zambie. Singulièrement, cet immense territoire de 1 234 000 km² est à la fois un atout au plan externe et un handicap au plan interne ; comme atout, la RDC à l'avantage précisément d'être au cœur de l'Afrique et donc à la croisée de plusieurs influences et possibilités de rayonnement vers différentes régions du continent. Mais son immense territoire apparaît de l'intérieur comme un véritable facteur de vulnérabilité.

Des défis à révéler

Défi d'aménagement spatial et d'intégration économique

L'aménagement physique d'un territoire est un paramètre clé du développement. Il peut participer à la création de pôles d'activités de production et d'échange, ou engendrer des disparités et des inégalités spatiales. Dès l'époque coloniale, il s'est agi explicitement de rentabiliser le Congo du profit de la Belgique. La mise en valeur du territoire congolais a requis un mode d'organisation spatiale périphérique et extraverti, combinant au départ le fleuve et le rail comme moyens de transport des produits primaires destinés à l'exportation et, aussi comme vecteur de transferts massifs de main d'œuvre vers les foyers d'activité majeurs de la colonie (Bruneau, 2014). A l'indépendance, le Congo a hérité d'un réseau de transport multimodal incluant 152 000km de routes et pistes, 16 200km de voies navigables et 5 000km de chemins de fer. Ce réseau se décompose en 3 axes intérieurs et 5 axes d'accès à l'extérieur (chausse et al. 2012).

Les trois axes intérieurs forment un triangle qui interconnecte trois villes considérées comme moteurs possibles de pôles de croissance, à savoir : Kinshasa, Lubumbashi et Kisangani. Ces axes intérieurs sont essentiels à l'approvisionnement des grands centres de consommation et à l'évacuation des produits des principaux marchés régionaux et internationaux : l'axe Kinshasa-Pointe-Noire donnant sur l'océan Atlantique ; les axes ouvrant le Katanga minier sur l'Afrique australe, l'océan indien et l'océan Atlantique, et l'axe permettant à l'est du pays connecté à Dar-es-Salam de s'ouvrir sur l'Océan indien.

Un espace écartelé

Si pendant cinquante ans le pouvoir colonial a exercé au Congo une politique extrêmement volontariste d'intégration de l'espace national, le pays s'est progressivement transformé en un « territoire fragmenté » à l'intérieur et un « espace écartelé » vers l'extérieur (Bruneau, 2014). Des décennies de manque d'entretien et d'investissements ont rendu une grande partie des voies secondaires (terrestres et fluviales) impraticables. L'immensité même du transport n'autorise que très peu de routes et de chemins de fer, faisant ainsi du transport aérien le seul moyen – très coûteux – d'interconnexion spatiale.

L'opposition déjà ancienne entre un centre déprimé et une périphérie active reste de mise même aujourd'hui. Le dépérissement de la zone centrale s'aggrave, tandis que « l'anneau utile » (formé de l'axe Matadi-Kinshasa-Lubumbashi et de l'axe Bukavu-Goma-Kisangani) rassemble le gros du peuplement et des activités marchandes. Dans certaines parties du territoire congolais, la proximité géographique ainsi qu'un brin de réalisme économique ont favorisé l'émergence de blocs d'échanges commerciaux adossés à des mouvance de l'Afrique australe dans laquelle s'insèrent les anciennes provinces du Katanga et des deux Kasaï ; (ii) la mouvance de l'Outre-mer et celle de l'Afrique centrale qui intéressent la capitale Kinshasa, le Kongo Central et l'ex-province de l'Equateur ; et (iii) la mouvance de l'Afrique orientale dans laquelle s'inscrivent le Grand Kivu et l'ex-Province orientale.

Les marchés des pays limitrophes présentent certes une source de revenu non-négligeable pour les producteurs congolais, mais dans l'ensemble ces grands mouvements d'échanges frontaliers sont loin d'être régulés par les autorités à l'avantage de l'économie congolaise.

L'émergence de ces blocs commerciaux dont le corollaire est l'effritement de la base du commerce interprovincial réduit considérablement les chances de la consolidation du processus d'intégration interne.

Certes, en l'absence de données statistiques fiable sur les flux d'échanges intra et inter provinciaux, toute appréciation du niveau de cohésion interne et de solidarité interprovinciale en matière économique est sujet à caution. Néanmoins, à partir des considérations tirées de la nature des relations économiques et commerciales entretenues entre opérateurs économiques évoluant dans différentes provinces, il est possibles de retracer certains faits ou d'approximer les volumes des transactions passées entre quelques provinces en fonction desquelles certaines tendances et leçons peuvent être dégagées quant à l'importance et la nature des flux d'échanges intra et interprovinciaux. Le cas de la province du Nord-Kivu peut à cet effet servir d'illustration.

Défi de la transition démographique

La population est au cœur du processus de développement. Elle est à la fois son moyen et sa finalité. D'où l'urgence préoccupation des uns et des autres pour plus d'inclusivité en RDC aussi bien dans la création des richesses nationales que dans la jouissance de celle-ci. La taille, la densité et la répartition constituent des éléments caractéristiques d'une population, éléments opposables à la capacité de l'économie à répondre aux besoins croissant de cette même population.

La dynamique démographique

La population de la RDC était estimée à environ 67,8 millions d'habitants en 2010. Elle est aujourd'hui de plus de 77 millions d'habitants. Elle s'est accrue au taux annuel moyen de 3,1% qui est jugé préoccupant et même préjudiciable au développement économique du pays face à la force demande sociale qui peut en découler en termes d'éducation, de soins de santé, de logement, de transports, etc.

Les taux de fécondité et de mortalité constituent les deux principaux déterminants de la dynamique démographique. Le niveau actuel de fécondité de la femme congolaise est de plus de 6 enfants ; la proportion d'adolescentes ayant commencé tôt leur vie féconde est passée de 24% en 2007 à27% en 2013-2014 (EDS 2). La mortalité Infanto-juvénile a certes progressivement chuté de 231%o à 165%o entre 2001 et 2007 à 158%o en 2010 et 104%o entre 2011 et 2013. Mais la RDC est classée dans le quatrième et dernier groupe des pays à rythme de transition démographique le plus lent.

Le poids de l'exode rural. Des théoriciens du développement ont fait de la migration du monde rural vers l'urbain la pièce maîtresse du processus d'accumulation u capital, processus dans lequel villes et campagnes étaient appelées à entretenir des relations d'entraînement (Lewis, 1954 ; Galbraith, 1980). D'un côté, l'exode rural contribuerait à l'élargissement du marché urbain, favoriserait des salaires urbains faibles et l'augmentation de la productivité agricole par le retrait de l'excédent de main d'œuvre. De l'autre côté, la ville alimenterait la campagne en produit manufacturés et servirait de comptoir pour un écoulement local des produits agricoles ou l'exportation de ceux-ci hors du continent. Dans cette optique théorique, la ville est assimilée au secteur moderne et capitaliste, à l'industrialisation et à la croissance de la productivité. Son rôle est double : ponctionner de la richesse sur les campagnes environnantes et redistribuer une partie des revenus à la campagne via l'achat des produits agricoles.

La thèse de la ville comme « moteur » du développement et lieu privilégié de l'implantation des activités économique semble encore séduire dans les écrits (Baissac et al, 2012) ; probablement au regard des économies externes – différenciation des activités économiques division du travail et concentration des services administratifs et des consommateurs – que la ville autoriserait pour l'attrait des investissements privées (Jacquemot et Reffinot, 1993). Ce schéma n'a pas fonctionné correctement en RDC. Les villes sont elles-mêmes devenues non seulement des centres d'attraction des population, mais aussi des foyers d'extraversion des habitudes alimentaires favorisées notamment par les importations massives des produits agricoles, de l'élevages et de la pêche subventionnés dans leurs pays d'origine, au grand dam du secteur agricole local et pour le dépérissement des campagnes.

Bien que la répartition spatiale de la population montre que la RDC est encore un pays majoritairement rural avec 61,2% des habitants résidant dans les campagnes et 38,8% en milieu urbain, les perspectives de meilleures conditions de vie en ville expliquent en grande partie l'exode rural auquel on assiste dans ce pays. Sur ce point, la ville de Kinshasa, qui renferme 11,7 % de la population, détient la densité la plus élevée avec 76,9%. Tout se passe comme si les migrations internes se font par étapes successive allant des zones urbaines vers les villes secondaires, et de ces dernières vers la capitale. La croissance urbaine rapide des villes congolaises, ces dernières années, est due aussi aux migrations massives et forcées par la montée de conflits armés et de l'insécurité dans certaines régions du pays (FNUAP RDC/ICREDES, 2015). Au-delà d'un certain seuil, les avantages de la densité démographique urbaine se muent finalement en inconvénients de l'encombrement : insuffisance et dégradation des infrastructures économiques et sociales (routes, moyens de transports, logements, écoles, etc.), pollution environnementale, montée de l'insécurité, etc.

L'urbanisation sauvage qui se développe à la périphérie des grandes villes contribue au creusement des inégalités et à l'amplification des difficultés pour une prise en charge convenable d'une population urbaine en force expansion.

Ces données incitent à la prise des mesures conséquences en RDC pour amorcer la transition démographique et tirer profil du dividende qui en résulte. Un dividende démographique survient lorsque la baisse du taux de natalité entraine des changements dans la distribution par âge de la population ; ce qui signifie que moins d'investissement sont nécessaires pour répondre aux besoins des groupes plus jeunes, et les adultes sont relativement plus nombreux dans la population des personnes actives.

En RDC, plus on monte en âge, plus la taille de la pyramide diminue ; les moins de 14 ans deviennent nombreux. En RSA, par exemple, la base de la pyramide est plus réduite : les jeunes de 15-30 sont plus nombreux que les moins de 14 ans (FNUAP/ICREDES, 2015). Ce qui signifie que le taux de dépendance est plus élevé en RDC qu'en Afrique du Sud. Maîtriser la progression démographique pour la conformer au rythme de création des richesses est donc un des défis majeurs de la RDC dans sa quête actuelle de plus l'inclusivité dans la croissance.

Défi de gouvernance des ressources naturelles

La richesse d'un pays est un atout important dans la course au développement. Elle est la somme de quatre éléments essentiels suivants : (i) le capital physique accumulé ; (ii) le capital naturel incluant les terres agricoles et forestières, les réserves pétrolières et l'étendue des ressources énergétiques et pétrolières ; (iii) la valeur du capital intangible (humain) ; et (iv) la valeur des actifs financiers nets. De ce point de vue, la RDC figure parmi les pays à haut potentiel naturel évalué à 64% de sa richesse totale en 2006, ce qui excède la part moyenne des pays à faibles revenus chiffrée à 26% (Dömeland et al. 2012). Malgré cela, la RDC est classée parmi les pays les plus pauvres du monde en termes de PIB et de richesse naturelle par habitant et s'expose au syndrome de la « malédiction des ressources naturelles », qui est le fait d'un gaspillage consistant à ne pas faire bénéficier la population de la richesse ou la rente générée par l'exploitation des ressources naturelles.

En Afrique subsaharienne, la moitié des 25 pays les plus dépendants des exportations minières se trouvent dans la catégorie des pays pauvres très endettés. Ils ont connu, pendant des décennies, des taux faibles ou négatifs de croissance combinés à un haut degré d'inégalité et de corruption (Ross, 2001). Une telle situation de gaspillage de revenus miniers est expliquée (i) soit par la présence d'un autre syndrome de la « malédiction des ressources naturelle », qui est le fait d'un gaspillage consistant à ne pas faire bénéficier la population de la richesse ou la rente générée par l'exploitation des ressources naturelles.

Dans le premier cas, celui de « syndrome hollandais », une rentrée massive de recettes d'exportation donnerait lieu à une forte demande de consommation importés et au déclin inéluctable de la production manufacturière locale. Dans le deuxième cas, les possibilités d'accès facile aux ressources naturelles alimenteraient l'éclatement et la persistance des conflits armés ; tandis que, dans le troisième cas, il s'agit, ni plus ni moins, d'un mode de gestion dite « patrimoine » ou « prédatrice », fondée sur la satisfaction des intérêts personnels ou catégoriels.

Ces différentes explications ont été avancées, avec plus ou moins d'insistance, dans le cas de la RDC, pour expliquer les épisodes de crise de l'économie congolaise (Bezy et al. 1984, Kabuya et Tshiunza, 2003, 2009 ; Kankwenda, 1992, 2000, 2005), dont la forte dépendance à l'égard du secteur minier et de ses soubresauts a été relevée plus haut.

D'après Marysse et Tshimanga (2012), la rente minière issue de la filière du cuivre et cobalt au Katanga se serait chiffrée entre 2,397 milliards et 3,031 milliards de dollars en 2011. Cette rente aurait été distribuée à raison de 70% comme profit de l'entreprise, 14% comme revenus de la puissance publique, auxquels il faudrait ajouter 4% rétrocédés aux entités territoriales décentralisées. Cette rente minière aurait représenté 44% du chiffre d'affaires, dont 13% allant à l'Etat et la Gécamines comme partenaire et 31% constituant le profit des entreprises. Ces estimations sont peut-être en-deçà de la réalité par rapport à l'époque où la Gécamines occupait seule la scène comme entreprise publique. En 2011, plus d'une dizaine d'entreprise multinationales ont pris d'assaut le secteur cuprifère katangais dans le cadre de joint-ventures avec la Gécamines.

Les frais attestent que les pays qui ont su utiliser correctement leurs rentes, pour augmenter leur capacité de production, ont échappé à la « malédiction des ressources naturelles celles-ci étant non-renouvelables, elles ne peuvent que s'épuiser à mesure de leur exploitation croissante. Chaque fois que du cuivre est extrait du sol et exporté, la RDC voit décliner, à moins qu'elle serve aujourd'hui à accroître le stock de capital productif ou à améliorer le capital humain.

Défi d'accès à l'économie du savoir et du savoir-faire

Le capital humain est reconnu comme un facteur essentiel au processus de croissance. L'éducation y contribue en fournissant des compétences vitales au marché du travail et en améliorant les conditions de vie des individus, dès lors qu'ils peuvent jouir de meilleurs salaires à la hauteur de leurs qualifications élevées. Le contexte actuel des nouvelles technologies de l'information et des télécommunications rend, certes, encore plus facile les transferts des connaissances, mais l'innovation et la productivité accrues sont loin d'être automatiques.

De recherches récentes ont démontré que les études requises pour maintenir la compétitivité et la croissance varient selon le stade de développement atteint : éducation de base pour la croissance engendrée par les facteurs du marché ; éducation secondaire professionnelle et technique pour la croissance engendrée par les investissements ; et l'enseignement supérieur très développé (en particulier dans les spécialités scientifiques et techniques) pour la croissance engendrée par les investissements (Diallo et al. 2012). D'après un sondage effectué auprès du secteur privé, en 2010, il s'est révélé que 65% des firmes perçoivent le niveau de compétence de la main d'œuvre comme une contrainte majeur exerçant un effet significatif sur leur compétitivité. La RDC a été en mesure de maintenir un approvisionnement adéquat d'ingénieurs ayant des compétences d'ingénierie de base, cependant il y a une pénurie d'ingénieurs ayant des connaissances spécialisées en nouvelles technologies.

Le décalage entre les compétences demandées par les employeurs et celles qui sont offertes sur le marché du travail en RDC est le résultat, entre autres, de l'absence d'une politique cohérente et efficace de promotion des compétences et de création d'emplois appropriés dans le pays. Le développement reposant sur le savoir et le savoir-faire, la RDC ne peut se permettre de rester en marge du progrès dans un monde caractérisé par la compétitivité des économies du savoir, accusant un niveau élevé de promotion et d'utilisation des compétences, de la recherche scientifique, de la technologie et de l'innovation. La RDC devra relever ses différents défis.

Ressorts pervers du modèle historique d'accumulation de la richesse

L'insertion du Congo dans l'économie mondiale s'est opérée par le biais de la mise en valeur des ressources du sol et du sous-sol. L'usage de la rente générée a conduit, dans un premier temps, à un processus de développement limité dans lequel l'agriculture a joué un rôle primordial dans l'accumulation du capital, par le biais de l'impôt et de bas prix imposés aux producteurs.

A la suite de l'effondrement des exportations agricoles dans les premières années de l'après indépendance, le secteur cuprifère – encore en bonne santé à l'époque – prit le relai dans l'accumulation de la richesse. L'économie de l'affection de la rente minière subséquente s'est opérée au profit des coalitions d'intérêts intérieurs et/ou extérieurs, selon les circonstances. Les politiques d'incitations mises en place ont davantage conforté l'expansion du secteur minier que celle du secteur agricole.

Dans les années 1990, le déclin du secteur minier – principal moteur de la croissance économique en RDC – a induit un long cycle de décroissance résultant en grande partie de « l'ingérence politique dans les entreprises publiques minières, la pratique désastreuses de la ponction de leurs trésoreries par le pouvoir public, la baisse des cours des métaux, ainsi que le manque d'investissement et d'entretien de l'outil de production (Maysse et Tshimanga, 2012). L'effondrement du secteur minier, et plus particulièrement de la Gécamines, affecta aussi bien l'économie nationale amputée de recettes budgétaires que les provinces et les entités territoriales décentralisées bénéficiaires de l'implantation de l'industrie minière.

Ceci explique, au plan social, la montée de la pauvreté dans les régions concernées et, au plan économique, l'attrait massif de l'exploitation minière artisanale, qui du reste s'est vu confortée par la politique de libéralisation du secteur minier édictée par le gouvernement, en 1994, sous la pression des institutions financières internationales. La libéralisation du secteur minier a également donnée lieu au foisonnement de « joint-ventures » entre la Gécamines et des entreprises multinationales attirées par les nombreux avantages fiscaux et douaniers du code minier. L'industrie manufacturière locale faiblement intégrée au secteur minier n'a bénéficié que très peu de l'hypertrophie de l'industrie minière. L'exploitation minière artisanale ayant drainé en grande nombre la couche la plus dynamique de la population rurale, a contribué au dépérissement de l'agriculture.

Les épisodes miniers favorables n'ont été suivis ni d'une amélioration des services et biens publics (énergie, route), qui sont des éléments critiques au maintien de l'industrie extractive et à la survie de l'industrie manufacturière, ni d'un mouvement conséquent en investissement public dans les secteurs sociaux (écoles, hôpitaux et autres centres de santé).

Axes stratégiques d'un paradigme économique alternatif

L'état des lieux de la qualité de la croissance économique en RDC a révélé que la faible inclusive de celle-ci tient à quelque sept caractéristiques essentielles ; il s'agit d'une croissance économique : (i) peu diversifiée ; (ii) tirée essentiellement par le dynamisme des industries extractives ; (iii) sujette aux soubresauts des cours mondiaux ; (iv) faiblement créatrice d' emplois directs ; (v) contribuant modestement aux recettes publiques et dissipative de ressources financières mobilisées (en particulier la rente minière) ; (vi) susceptible de maintenir la polarisation géographique actuelle des activités de production ainsi que la marginalisation des communautés de base ; et (vii) mettant en péril l'équilibre écologique. La promotion d'une croissance plus inclusive en RDC passe inexorablement par la remise en cause du modèle d'accumulation de richesses héritées du passé colonial, lequel a été constamment maintenu en l'état par des politiques de développement inadéquates.

Promouvoir la croissance inclusive en RDC passe nécessairement par la remise en cause du paradigme existant qui fait de l'homme essentiellement un facteur de création des richesses. Au contraire, c'est la qualité des vies humaines, actuelles et futures, qui doit être le paradigme central, tandis que la maximisation des richesses de la nation un facteur contribuant, bien entendu, au bien-être du genre humain.

L'appropriation de ce paradigme alternatif implique, dans le contexte actuel de la RDC, une stratégie quadrimensionnelle axée sur les aspects suivants :

- La mise en œuvre d'un processus de croissance endogène ;
- La promotion d'une gouvernance transparente et équitable des ressources naturelles du pays
- La mise en place des machines de coordination efficace des parties prenantes au processus de création des richesses et de leur affectation ; et

- La maîtrise de la transition démographique.
- Les politiques à mettre en œuvre devraient permettre de :
- Élargi la base économique et sociale dans la création des richesses.
- Valoriser l'usage des produits nationaux sur les marchés locaux et à l'exportation.
- Améliorer le mode de génération du surplus économique et de son affectation.
- Maximiser le dividende économique ;
- Veiller à l'équilibre spatial et à l'équité intergénérationnelle dans l'exploitation des ressources.

Élargissement de la base économique et sociale

Cet objectif peut être rencontré sur trois plans : la diversification des sources de la croissance, l'implication des acteurs nationaux en un grand nombre, le rétablissement de l'équilibre dans les relations villes-campagnes.

La diversification des sources de la croissance passe par :

- La redynamisation du secteur agricole en raison des effets d'entraînement importants que l'agriculture peut générer en termes de création d'emplois et de diffusion des revenus. Ceci requiert d'améliorer en priorité sa productivité, d'élargir sa chaîne des valeurs par le levier industriel en amont et en aval et de lever les contraintes de conservation et d'écoulement des produits agricole.
- La consolidation de la base industrielle du pays. Ceci nécessite d'améliorer la fourniture en biens et services publics. (électricité, voies de transports et de communications), de favoriser l'innovation, d'accroitre le degré de transformation locale des produits agricoles et miniers, et de construire progressivement les trois branches du développement industriel.

- Le développement de la chaîne de valeur de l'industrie minière. La chaîne de valeur de l'industrie extractive comprend l'exportation des gisements, l'implantation des unités de production, l'extraction et l'affinage. C'est un processus hautement mécanisé et faisant appel une main d'œuvre qualifiée. Les actions à mener peuvent porter sur l'amélioration de la technicité de la main d'œuvre locale pour qu'elle serve à diverses étapes de la chaîne de valeur, l'accroissement du degré de transformation locale des produits miniers avant leur exportation, la mise en place d'un système plus large de mines mixtes admettant une exploitation artisanale dans les unités industrielles en fonction des conditions d'accès aux gisements.

L'implication des acteurs nationaux. Il va s'agir de promouvoir les domaines suivants :

- L'émergence d'une classe moyenne nationale à travers la présence des PME et PMI agricole et industrielles ;
- le partenariat entre PME nationales et entreprises étrangères dans la passation des marchés publics ;
- la création des incubateurs de projets pour micro-entrepreneurs et leur accompagnement technique et financier.

Le rétablissement de l'équilibre dans les relations villes-campagnes. La ville est symbole de l'industrialisation et de la présence d'un marché intérieur, et la campagne est symbole de l'industrie et le marché intérieur, et la seconde entité campagne est symbole de l'agriculture et réservoir de main d'œuvre. Les politiques requises devraient consister à :

- rétablir l'équilibre dans le système d'incitation à mettre en place en faveur de l'industrie et de l'agriculture ;
- améliorer les voies de communication et de dessertes agricole ;

- élargir l'accès aux infrastructures de base à travers le pays (école, hôpitaux, eau, électricité, voies de transport et de communication).
- Promouvoir une politique d'échange et non d'extorsion du surplus d'une part entre l'industrie et l'agriculture et, d'autre part, entre le milieu urbain et le milieu rural.

Valorisation des produits nationaux sur les marchés intérieurs et extérieurs

Les politiques requises porteraient sur (i) l'amélioration de la qualité des produits locaux (ii) l'amélioration du climat des affaires, (iii) la maîtrise des coûts tant factoriel que non factoriels (maîtrise de la compétitivité extérieure), et (iv) une politique commerciale ciblée.

Amélioration du mode de génération du surplus économique et de son affectation.

Les politiques souhaitées sont celles d'une meilleure mobilisation des rentes (minière, pétrolière et forestière) à l'effet de les affecter en priorité à l'accroissement et l'amélioration des infrastructures publiques (route, chemins de fer, aéroports, hôpitaux, réseau d'électricité et de télécommunication, approvisionnement en eau, etc.) ainsi qu'au processus d'accumulation et d'amélioration du capital humain (éducation, formation, santé). Il s'agira également de favoriser l'extension de l'économie du savoir et de promouvoir l'innovation à travers la recherche et le développement tant dans le secteur public que dans le secteur privé.

Maximisation du dividende économique

L'inclusivité de la croissance nécessite d'établir un équilibre entre les performances de l'économie, la structure de la population et les questions du genre. De ce point de vue, une marche séquentielle s'impose à l'économie congolaise si elle doit accéder, comme le souhaitent les autorités politiques, à un niveau de développement plus élevé ; elles impliquerait de passer d'abord du niveau d'un pays à faible revenu à celui d'un pays revenu intermédiaire, puis d'un pays à revenu intermédiaire à un pays émergent, et enfin d'un pays émergent à un pays développé. La véritable contrainte dans une telle ascension n'est pas tant du côté des ressources à mettre en valeur, mais beaucoup plus du côté de la progression démographique.

Les actions préconisées dans l'ébauche du plan national stratégique de développement (RDC/ministère du plan, 2016) devraient porter sur :

- La baisse du rythme de croissance de la population (estimée 3,1% par an) ;
- L'amélioration de l'accès des jeunes (61% de la population à l'âge de procréer) au service de planification familiale au-delà des barrières culturelles ;
- L'amélioration de la correspondance entre la taille de la population et les investissements dans les secteurs de l'éducation, de la santé et de l'emploi.

Aménagement spatial équilibre et promotion de l'équité intergénérationnelle

L'exploitation des ressources naturelles demeure en RDC, jusqu'à preuve du contraire, au centre aussi bien de la dynamique de la croissance que du mécanisme de distribution des fruits de cette croissance. Ces ressources deviennent hautement stratégiques dans le contexte actuel de la lutte contre le changement climatiques et les maladies.

Les perspectives de l'épuisement des ressources non renouvelables rendent nécessaire la maîtrise de l'empreinte écologique de l'activité économique de sorte à préserver un cadre de vie sain, au bénéfice des générations présentes et futures.

Une grande synergie est à obtenir de la décentralisation en cours de construction pour rencontrer les exigences à la fois de l'inclusivité de la croissance et du développement durable en RDC. Au plan de l'inclusivité, la décentralisation doit être mise à contribution : (1) pour opérer des arbitrages judicieux d'aménagement du territoire entre les différents usages des espaces stratégiques : exploitation minière, agricole, forestière, pétrolière ; et (2) pour doter les différents milieux de résidence à travers le pays en infrastructures sociales de base (routes, écoles, centres de santé, etc.).

En vue d'un développement durable, la décentralisation offre l'opportunité de mettre en œuvre les orientations stratégiques pertinentes élaborées par le gouvernement pour la construction d'une économie verte à travers une gestion durable de l'environnement, notamment les forêts, une production agricole écologique, un développement énergétique à faible intensité en carbone, la promotion d'une conscience environnement, etc.

La décentralisation offre aux provinces, autrefois sclérosées par un système de planification centrale qui n'intègre pas nécessairement leurs préoccupations spécifiques, l'opportunité de mettre en valeur leurs ressources naturelles, humaines et financières au profit des intérêts locaux. Les disparités en matière de dotation en ressources naturelles peuvent perpétuer les inégalités entre les provinces. De même, le non-transfert réel de moyens aux entités territoriales décentralisées risque de voir se reproduire en provinces les insuffisances opposées aujourd'hui à la gouvernance centralisée. C'est en cela que réside d'une part l'intérêt de rendre opérationnel les mécanismes de solidarité nationale prévus par la constitution et, d'autre part, de faire part, de faire de la décentralisation un mode de gestion participative, transparente et redevable.

CONCLUSION PARTIELLE

La remise en place d'une politique d'inclusivité de la croissance, tout comme d'un quelconque plan de développement, exige des capacités d'impulsion accrues de l'État et une participation des bénéficiaires au processus de prise de décisions les concernant et de mise en œuvre de ces décisions, ainsi que de création des richesses et de répartition des fruits de la croissance. La décentralisation en cours est une véritable fenêtre d'opportunité que le gouvernement central se doit de saisir en démontrant sa volonté de procéder au transfert effectif des moyens techniques, humains et financiers aux provinces et de sanctionner positivement ou négativement les gestionnaires à différents niveaux de responsabilité.

CHAPITRE 3. L'EVOLUTION DE L'ECONOMIE CONGOLAISE

3.1. Introduction

La conduite de la politique monétaire par la Banque Centrale du Congo s'est inscrite dans un environnement interne marqué par la poursuite de l'expansion économique, nonobstant certaines craintes de récession et expansion économiques.
La nature de cette phase cyclique, émaillée de risques des tensions inflationnistes a nécessité le caractère prudent observé par la Banque Centrale du Congo(BCC) dans la mise en œuvre de sa politique monétaire susceptible d'influencer son impact sur certaines variables macroéconomiques, notamment : l'inflation (niveau général des prix) et la croissance économique.

3.2. Évolution de la croissance de l'activité économique congolaise

Selon les données provisoires recueillies dans le cadre des enquêtes conjoncturelles de la Banque Centrale du Congo, la croissance du PIB réel serait plus forte que prévue, s'établissant à 12,0 % contre une prévision de 10,0 % en 2008.

Analysée sous l'angle de la production, cette évolution favorable résulte du regain d'activité affiché par le secteur minier depuis la deuxième moitié de l'année 2007 et qui s'est poursuivi au cours du premier quadrimestre de 2008.

En effet, comparativement aux prévisions établies initialement en février, lesquelles estimaient la production annuelle du cuivre et du cobalt respectivement à 213,3 mille tonnes et 17,9 mille tonnes, les réalisations de production des quatre premiers mois de l'année 2008 se sont situées à près de 222,2 mille tonnes pour le cuivre et à 55,4 mille tonnes pour le cobalt. Cette forte augmentation de la production porterait la contribution de ce secteur dans la formation du PIB à 48,0 % en 2008 contre 5,4 % en 2007.

Sans préjudice de l'atonie caractérisant les exploitations pétrolière et du diamant, l'activité dans les industries extractives restera déterminante au cours des prochaines années.

A cet effet, l'industrie du cuivre pourrait retrouver sa place de locomotive de la croissance économique de la RDC, comme ce fut le cas au cours des années1970 à 1980. Hormis le bon comportement du secteur minier, il a été observé une tendance baissière de l'activité de production dans la branche Eau et Electricité et un ralentissement dans celles des industries manufacturières, du commerce de gros et de détail ainsi que des transports et communications. Les facteurs à la base de cette situation sont liés essentiellement à la faiblesse des infrastructures de base et à l'ampleur prise ces derniers mois par les perturbations majeures dans l'approvisionnement en énergie électrique et en eau potable, principalement dans les centres urbains. En dépit de toutes ces pesanteurs qui tendent à plomber l'activité de production dans la plupart des secteurs, la forte expansion du secteur minier a plus que compensé les contre-performances enregistrées dans la fourniture d'eau et d'électricité. Ainsi, par rapport à l'année 2007, la croissance de l'activité des différentes branches a évolué comme indiqué dans le tableau ci-après :

Tableau 1 : Évolution de la croissance économique 2007 - 2008

Branche d'activité économique	Valeur ajoutée (en %)	
	2007	2008
Agricult., sylvicult, chasse et pêche	3,3	3
Industries extractives	2,7	45,3
Industries manufacturières	5,1	4,2
Electricité, Eau	1,8	-1,8
Bâtiments et Travaux publics	5,4	23,5
Commerce de gros et de détail	13,1	7,4
Transports et Communications	11	10,7
Services marchands	7,1	10
Services non marchands	6,7	6,5
Droits et taxes à l'importation	19	10,2
Taux de croissance du PIB	**6,3**	**12,0**

Source : République Démocratique du Congo, commission économique et financier, séminaire d'évaluation de l'action gouvernementale.

La reprise de l'activité minière conjuguée à l'incidence de grands projets d'infrastructures attendus dans le cadre de la reconstruction nationale devrait exercer des effets d'entraînement importants sur l'ensemble des branches d'activité économique dans les prochaines années. Ce qui laisse présager de la poursuite d'une croissance soutenue à un rythme moyen annuel de 10,7 % sur la période 2008-2013.

- La croissance du PIB s'est accélérée entre 2011 et 2012, passant de 6.9 % à 7.2 % en dépit de la situation politique et de l'insécurité qui règne dans l'Est. Cette amélioration économique est due à la vitalité du secteur minier et au dynamisme du commerce, de l'agriculture et de la construction. Les projections indiquent que cette tendance devrait se poursuivre en 2013 (8.2 %). Toutefois, ces perspectives dépendront de la stabilité politique, de l'amélioration de la situation sécuritaire dans les provinces orientales du pays et de la poursuite des réformes structurelles engagées.

- Les efforts de stabilisation du cadre macroéconomique se poursuivent à un rythme assez soutenu, grâce à la mise en œuvre d'une politique budgétaire restrictive, à l'assouplissement graduel de la politique monétaire et à un rebond des recettes d'exportation.

- Au cours des deux dernières décennies, la structure de l'économie de la RDC n'a pas fondamentalement changé. Elle reste tributaire de l'exploitation minière et de l'agriculture. Les ressources publiques provenant de l'exploitation minière sont dérisoires au regard du potentiel du pays. Les sérieux problèmes alimentaires auxquels est confrontée la population attestent de la faible productivité du secteur agricole.

Vue d'ensemble

« La République Démocratique du Congo réalise une croissance de 7.2 % en 2012 malgré un contexte économique et financier mondial difficile et une situation politico-sécuritaire interne préoccupante. Cette performance est essentiellement stimulée par les industries extractives, le commerce, l'agriculture et la construction. Elle profite aussi de la stabilité macroéconomique et du dynamisme de la demande intérieure. Compte-tenu de la demande mondiale de minerais et de l'importance des investissements réalisés dans ce secteur ces dernières années, la croissance devrait poursuivre sa progression pour atteindre 8.2 % en 2013 et 9.4 % en 2014.

Les politiques macroéconomiques mises en œuvre en 2012 visent la réduction de l'inflation, la stabilisation du taux de change et l'accroissement des réserves de devises afin de garantir une meilleure prévisibilité et d'accompagner efficacement le développement de l'activité économique. La discipline affichée au niveau des finances publiques et l'assouplissement de la politique monétaire permettent une meilleure maîtrise de l'inflation qui s'est établie à 6.4 % contre 15.4 % en 2011. La Banque centrale du Congo (BCC) a considérablement réduit son taux directeur de 21 % à 6 % entre fin 2011 et 2012 pour accroître le crédit à l'économie. L'augmentation des réserves issue du rebond des exportations a permis d'augmenter la couverture des importations de 7.2 semaines en fin 2011 à 8.6 semaines fin 2012.

3.3. Les déterminants de la croissance économique en RDC

Parmi les problèmes posés à la République démocratique du Congo aujourd'hui, comme à tous les autres pays en développement, figure celui de réduire l'écart qui sépare son niveau de vie de celui des pays développés. Pour y arriver, il faut inévitablement accroître les moyens internes et externes en vue de financer les investissements.

L'investissement en tant que créateur de revenu, est le principal moteur de l'activité économique. Il suppose un arbitrage constant entre le temps présent et futur. Hormis la période d'exécution du plan décennal (1944-1959), celle des années 1968-1973 constituent des temps forts dans l'évolution économique de la RDC : stabilité des prix, prospérité du système financier et viabilité de la position extérieure sur fonds d'une croissance économique soutenue avec, à la clé, l'élévation du niveau de vie et du bien-être de la population. Cette croissance soutenue a été notamment impulsée par l'épargne intérieure avec des taux largement supérieurs à la moyenne internationale des pays d'Afrique subsaharienne et proches des pays développés. Malheureusement, les ressources engrangées durant ces années (1968-1973), ont été par la suite, dissipées et dilapidées en RDC dans des éléphants blancs et des dépenses ostentatoires.

Trois décennies après, cette tendance favorable s'est inversée, le niveau de l'investissement global en RDC est actuellement parmi les plus faibles du continent. Le taux d'investissement qui s'élevait à 8,5% en 1997 est tombé à 4,5% en 2000, soit une réduction de près de la moitié au cours de la période, le taux d'investissement moyen de la période se situe ainsi à 6,7% alors que la moyenne africaine a été de 19,8% au cours de la dernière décennie.

A la faveur du surplus de l'épargne extérieure dont elle a bénéficié dans le cadre des programmes économiques et financiers conclus avec les Institutions des BrettonWoods depuis juin 2001, la RDC a renoué, dans un contexte de stabilisation des prix et d'amorce de la position extérieure soutenable, avec la croissance économique, dès 2002, après plus d'une décennie de récession économique. La nécessité de consolider les résultats réalisés depuis 2002 dans le cadre de l'investissement productif, plaide pour un examen de rendement des capitaux investis en RDC et ayant conduit à la reprise de la croissance économique congolaise.

3.4. Cadre conceptuel et d'analyse théorique sur l'investissement

De l'approche dichotomique à l'approche intégrationniste

- **Le débat entre les économistes Keynésiens et monétaristes :** la controverse s'est surtout située dans le contexte du cadre analytique de l'équilibre général keynésien de détermination du revenu et du taux d'intérêt assurant l'équilibre simultané sur le marché des biens et services et le marché monétaire en économie fermée.

- **Les classiques** pensent que dans le court terme les impulsions monétaires n'exercent que des effets limités sur les activités réelles. Cette position se justifie par le fait que selon eux l'épargne des ménages et l'investissement des entreprises seraient très peu sensibles aux variations des taux d'intérêt. Ainsi, pour les tenants de cette thèse, la monnaie est un voile, en d'autres termes, elle est neutre.

- **En revanche selon les monétaristes** : la politique monétaire a un rôle actif sur la croissance économique. De leur point de vue, la politique monétaire restrictive entraîne une diminution des prix relatifs des actifs monétaires financiers et réels. Cela se traduit par une modification des demandes réelles que sont : la consommation et l'investissement, mais également les stocks réels accumulés.

- Ainsi, pour FRIEDMAN (1968-1969) à court terme les variations de la quantité de monnaie peuvent avoir des effets temporaires réels à cause de la rigidité initiale des prix. Cependant, à long terme sous l'hypothèse de flexibilité des prix et du marché du travail, les variations de la masse monétaire n'ont d'effet que sur le niveau général des prix. La production et l'emploi ne sont pas affectés.

- Dans la théorie Keynésienne, le principal mécanisme de transmission de la politique monétaire est le canal du taux d'intérêt qui concerne l'ensemble des moyens par lesquels la variation de taux directeurs est susceptible d'affecter sa sphère réelle à travers les décisions d'investissements et de consommations des entreprises et des ménages. Pour les Keynésiens, la croissance de la masse monétaire influe à la fois sur les prix (inflation) et les quantités (hausse de la production).La politique monétaire est un instrument de politique conjoncturelle et elle relève d'interventions discrétionnaires. Il s'agit en fonction de la conjoncture de pouvoir discrétionnairement augmenter ou diminuer les taux d'intérêt de façon contra cyclique.

- **Selon l'approche néo-keynésienne** représentée par le modèle IS-LM, les chocs monétaires sont transmis à la sphère réelle à travers le taux d'intérêt qui est le canal privilégié.

- Chandavarka(1999) assure que la fixation des taux à des niveaux appropriés permet d'assurer l'investissement désirée en volume et la composition. Selon lui, le taux d'intérêt doit être maintenu à des niveaux bas pour stimuler l'investissement.

L'épargne est au cœur des déterminants de la croissance économique. Résiduelle pour les Keynésiens et principale pour les classiques, elle ne demeure pas moins cruciale dans l'explication, non seulement des fluctuations conjoncturelles, mais surtout, de la croissance économique.

En effet, tous les pays qui se sont développés sont passés par la phase d'accumulation de l'épargne, cependant tous ceux qui ont accumulé l'épargne, dans le processus historique ne se sont pas forcément développés. Cette situation tient à ce que, soit le processus d'accumulation s'est estompé ou essoufflé, soit qu'il a été désorienté, dans l'affectation de l'épargne ou encore les deux problèmes se sont posés concomitamment. Si le premier cas se produit, l'épargne déjà accumulée peut toujours financer la croissance à condition qu'elle soit suffisante et surtout affectée aux investissements productifs pour permettre une régénération du processus d'accumulation. Si c'est le deuxième cas, il faut nécessairement réorienter dans le sens d'un financement des investissements productifs ; à défaut, la citadelle de la croissance menant au développement deviendra comme imprenable parce que mal attaquée.

Pour investir plus en capital, il faut consommer moins et épargner plus. L'épargne se définit généralement comme la partie non consommée du revenu. Cette définition typiquement Keynésienne se fonde sur le fait que les agents économiques effectuent d'abord leurs plans de consommation avant de savoir ce qui sera épargné. Pour les classiques, par contre, l'épargne est la partie du revenu préalablement retirée avant que les agents n'effectuent leurs plans de consommation.

En réalité, la définition de chaque courant de pensée renvoie au contexte économique dans lequel il évoluait : raisonnant dans une situation de récession et de sous-emploi généralisé, il est normal pour les Keynésiens de disposer que la décision de consommer précédait celle d'épargner car c'est la meilleure manière de relancer l'économie, la demande créant sa propre offre. En d'autres termes, l'Etat, via les grands travaux, crée des emplois et par-là distribue les revenus ; les bénéficiaires de ces derniers doivent privilégier la consommation pour permettre aux entreprises de se débarrasser de leurs stocks d'invendus, de rentrer à flots et de dégager des capacités de financement susceptibles de relancer l'économie et de la faire progressivement sortir de la récession et du sous-emploi. Mettre au premier plan l'épargne reviendrait à installer l'économie dans la récession et le sous-emploi.

Se basant sur une situation de plein emploi et d'expansion, les classiques ne pouvaient que mettre un accent prioritaire sur l'épargne. En effet, selon eux, c'est l'offre qui crée sa propre demande. De ce fait, l'épargne est primordiale pour financer l'investissement et permettre le maintien de l'offre ; car le contraire, en d'autres termes, privilégier la consommation équivaudrait simplement à priver l'offre de possibilités de sa régénération constituée par l'épargne et l'investissement et par-là, la condamner à une chute, laquelle fera basculer l'économie dans la situation de sous-emploi et de récession. Les définitions Keynésienne et classique mettent l'accent sur l'épargne financière qui doit financer l'investissement.

Toutefois, il ne faut pas confondre l'investissement et l'épargne. Keynes a souligné avec force qu'en principe, ce ne sont pas les mêmes personnes qui prennent les décisions d'épargner (les ménages) et les décisions d'investir (les entreprises). Cette indépendance entre les décisions individuelles d'épargner et les décisions individuelles d'investir signifie qu'à tout moment, le montant que les entreprises veulent investir ne correspondra pas nécessairement au montant de l'épargne que les ménages sont prêts à mettre à leur disposition pour financer l'investissement. Mais, les forces spontanées qui conduisent l'économie vers un équilibre global impliquent que ces deux grandeurs tendent à s'égaliser.

3.5. Sources de croissance économique en RDC de 1960 à 2010

Pour apprécier la contribution des investissements dans la croissance économique, nous nous référons à une étude qui a été menée par deux économistes (B. Akitoby et M. Cinyabuguma, juin 2004) du FMI sur l'économie congolaise pour la période de 1960 à 2010. Cette étude porte sur « les sources de croissance en RDC : une approche par co-intégration ». Les auteurs examinent le rôle des variables politiques et d'autres variables comme déterminants de croissance, en utilisant la version modifiée du modèle de croissance néoclassique appliquée sur l'économie congolaise. L'équation de croissance estimée prend la forme suivante : «yt = ã1 ln (Ip/Y)t + ã2 ln(Ig/Y)t + ã3 Exrpt + ã4 DEFt + ã5 TOTt + ã6 Dwart + Vt.

Avec «y », le taux de croissance par habitant, Ip/Y etIg/Y sont les ratios des investissements privés et publics sur le PIB, Exrp est le taux de change parallèle, DEF est le ratio du déficit budgétaire sur le PIB, TOT est le ratio du terme d'échange sur le PIB et Dwar est une variable muette (dummy) qui saisit les conflits et les guerres. L'estimation de l'équation porte sur les données annuelles de 1960 à 2010. Les résultats essentiels de la régression sont les suivants :

L'analyse des déterminants de la croissance économique de la RDC de 1960 à 2010. Les résultats montrent que la régression des investissements privés a un grand impact positif, alors que l'effet de l'investissement public a été négatif, en soutenant l'idée que le capital public a été principalement investi dans des projets improductifs et les éléphants blancs. Le taux d'inflation élevés, la prime de change élevée et de grands déficits budgétaires ont également exercé un impact négatif sur la croissance. Enfin, l'agitation politique, les conflits, et les guerres ont largement contribué aux performances médiocres,

En utilisant la procédure de co-intégration, la technologie critique des paramètres, la part moyenne du capital physique par travailleur de long terme, la fonction de production est estimée à 0,34 pour l'ensemble de l'économie et 0,33 pour le secteur des transports. Aucune relation de co-intégration entre la production et des capitaux n'a été observée pour le secteur d'extraction et le secteur agricole.

- L'effet de l'investissement du public est négatif et significatif. Ce qui signifie que l'investissement public a été plus orienté dans les projets improductifs et les éléphants blancs,

- l'estimation des effets des variations des termes de l'échange est positif et statistiquement significatif. Le coefficient de la variable binaire indiquant les conflits et les guerres est négative et hautement significative avec un effet sur la croissance, en soutenant l'idée que les troubles politiques et de conflits ont joué un rôle crucial dans la mauvaise performance de croissance en RDC.

3.6. L'économie politique congolaise

Il faut d'abord noter que la démarche économique est demeurée inchangée. Une comparaison de différents programmes économiques révèle que les objectifs et les instruments utilisés sont restés les mêmes. Le schéma du « Programme intérimaire renforcé » et celui du « Programme économique du gouvernement », en cours depuis avril.2002, ne diffèrent pas du tout du contenu des programmes antérieurs. Les efforts sont principalement tournés vers le rééquilibrage macro-économique à l'aide des instruments monétaires et de change. Ce fut déjà le cas dans les programmes de stabilisation de 1976 et 1977.

Ces deux programmes se sont fixé les mêmes objectifs que ceux des programmes antérieurs et ils ont adopté les mêmes instruments. L'économie politique congolaise impose cependant des défis d'une autre nature et des contraintes d'une taille plus importante.

L'économie congolaise se caractérise aujourd'hui particulièrement par le rétrécissement de sa taille. De 377 Usd en 1956, le pm par habitant est tombé, selon les estimations de la Banque centrale du Congo, à 68 Usd en 2000, exprimé en dollar de 1987. Le rétrécissement de la taille de l'économie nationale réduit sensiblement les moyens de l'Etat et donc, la densité de gouvernement, sa présence sur l'ensemble du territoire national et sa capacité à satisfaire les besoins vitaux des populations locales. Le rétrécissement de la taille de l'économie est aussi à la base de la grave crise de souveraineté dont souffre l'autorité politique.

L'instabilité politique et son corollaire - l'insécurité des personnes et des biens - sont les causes principales du rétrécissement de la taille de l'économie congolaise à travers leurs effets déprimants sur l'investissement et le maintien des capacités installées. Les périodes troubles de 1960 à 1965, les assauts répétés contre les intérêts économiques établis entre 1967 et 1975 (nationalisation, « zaïrianisation », « radicalisation », « rétrocession »), les insurrections du Sud entre 1977 et 1981 (les guerres du Shaba et de Moba), les troubles ethniques ainsi que les différents heurts liés au processus de libération engagé en 1990 - notamment les pillages de 1991 et 1993 -, les guerres de 1996 et 1998 sont autant de moments forts qui établissent une situation d'instabilité et d'insécurité caractérisée. A ces facteurs, il faut ajouter l'insécurité juridique des investissements. »[8]

Face au rationnement des ressources financières de l'Etat et au poids de la dette extérieure, les gouvernements congolais ont usé de moyens les plus faciles pour faire face aux dépenses courantes et aux

[8] République démocratique du Congo. Commission d'évaluation économique et financier ; séminaire d'évaluation de l'action gouvernementale posé par le gouvernement du Zaïre.

dépenses de souveraineté, cas du financement monétaire. Ce mode de financement a imposé un coût énorme aux détenteurs des signes monétaires. Les efforts des gouvernements successifs, quand ils se sont intéressés à la stabilisation économique, ont été tournés vers l'élargissement des moyens financiers de l'Etat via la dévaluation monétaire, l'augmentation des taux d'imposition (ou la modification des modalités de collecte des contributions) ou encore la réduction des transferts sociaux.

Le rétrécissement de la taille de l'économie a été renforcé par la déstructuration physique du territoire national ainsi que par la déstructuration, du système bancaire et l'arrêt subséquent des mécanismes d'intermédiation financière. Ces développements ont eu pour conséquence l'accroissement de la taille du secteur informel et la propagation dans les entreprises du « secteur moderne» des comportements anticipatifs (de survie) développés dans l'informel.

Le pouvoir économique est ainsi de plus en plus organisé autour de petites exploitations commerciales. L'atomisation du pouvoir économique a, bien entendu, permis à la majorité des ménages, grâce au faible coût d'établissement et à la mobilité inhérente à l'informel, de résister à l'écrasement. Mais, ce phénomène d'atomisation crée d'autres problèmes au gouvernement, notamment dans le domaine fiscal et dans celui de la réglementation des activités économiques.

En effet, étant donné les faibles capacités institutionnelles de l'Etat, les coûts de collecte des recettes fiscales dans une économie aussi atomisée sont élevés ; en plus, la mobilité des firmes au sein d'une industrie ou à travers les industries ne facilitent pas l'enregistrement, la classification, et le contrôle des agents économiques. D'ailleurs, les efforts entrepris, dans le cadre de la réforme fiscale de 1998, pour « fiscaliser » le secteur informel, n'ont de toute évidence donnée que des résultats limités.

L'instabilité monétaire n'est donc pas le «problème de base» de l'économie congolaise. Par conséquent, il faut donner à la politique économique un contenu correspondant au problème de base de cette économie. Un simple programme de stabilisation financière ne permet pas de briser le cycle de la contraction économique qui alimente la spirale inflationniste que l'on cherche pourtant à « casser ».

Pour une politique économique de développements

Revenons aux deux composantes de l'équation de la politique économique congolaise le choix de l'option économique et l'ouverture des opportunités d'investissement et de profit. Par rapport à la première composante, la question centrale demeure l'existence des alternatives viables à l'option libérale. Au vu du poids de la dette extérieure et d'importants arriérés de paiement et de l'aggravation de la pauvreté, y a-t-il une autre option ouverte au Congo, autre que l'option libérale?

En termes plus clairs, le Congo peut-il aujourd'hui se passer des institutions financières internationales qui veillent à la solidité de l'économie mondiale? La réponse est non. Au contraire, la République démocratique du Congo doit mettre à son profit les différents mécanismes existants de réduction de la dette. C'est, en effet, la dette extérieure qui prive le Congo de la liberté de choix dont ont bénéficié d'autres pays comme le Vietnam et la Chine Populaire qui ont su négocier à leur gré et selon leurs termes leur association aux milieux financiers internationaux.

L'adhésion à l'option libérale est aussi imposée au Congo par sa situation géographique (pays semi-enclavé) et sa position géostratégique (véritable charnière et pièce maîtresse de l'Afrique Centrale). Cette adhésion est enfin imposée par l'utilisation que l'on peut en faire comme un instrument pour accélérer la bonne gouvernance politique. Car elle suppose la mise en œuvre (l'adoption), de manière graduelle, des institutions (comportements) qui favorisent la croissance. Ces institutions (comportements) touchent à la fois l'organisation du pouvoir politique et sa décentralisation, la distribution de la justice, l'organisation de la société civile, et l'organisation du pouvoir économique de l'État (finances publiques, monnaie). Il n'est important pour le Congo de lever cette option et de s'engager avec résolution et sans les tergiversations observées dans le passé vers la construction d'un Etat libérateur des énergies. C'est dans cette perspective qu'il faut situer les efforts destinés à relayer les résultats positifs du Programme Intérimaire Renforcé, car, quels que soient les additifs y associés pour adoucir les effets des coûts sociaux inévitables, un tel programme serait insuffisant et s'essoufflerait rapidement.

En effet, ces programmes laissent de côté des aspects aussi importants que la mise sur pied des institutions, l'amélioration de la gestion des entreprises publiques, la redéfinition du rôle de l'Etat (et non simplement son retrait). Toutes ces questions sont intimement liées à la gouvernance politique et ne peuvent trouver solution en dehors d'un programme de normalisation politique. C'est sur base de ces nouvelles leçons que les auteurs du fameux « consensus de Washington » ont réécrit leur scénario. C'est aussi vers cette direction qu'il faut poursuivre le débat sur la politique économique en RDC. Les seules références à ces préoccupations dans le programme intérimaire de gouvernement se rapportent à l'unification du code minier, à l'actualisation du code des investissements, et à la facilitation de l'évacuation des produits agricoles. Cependant, ces éléments ne sont traités que sous leur aspect technique, en dehors du contexte politique réel.

La deuxième composante de l'équation de la politique économique congolaise est une question plus technique. Elle permet de formuler le problème auquel serait confronté tout investisseur désireux d'apporter des capitaux au Congo et qui s'interrogerait sur le rendement attendu d'un dollar placé dans ce pays par rapport au rendement dans toute autre économie émergente d'Afrique, d'Asie ou d'Europe de l'Est. Vu l'important déficit en infrastructures économiques et en capital humain au Congo, le rendement des investissements est certainement très peu élevé. C'est ici qu'il faut situer la problématique des investissements publics dans deux domaines précis: l'aménagement du territoire et l'investissement humain. Ces investissements doivent être programmés dans une perspective de longue durée (libre de la contrainte temporelle qu'impose un budget annuel) et ils ont un pré requis : la décentralisation.

Pour certains auteurs, la plupart des programmes de désinflation ne sont pas durables. Utilisant un échantillon de 51 programmes de désinflation rapide (dont 3 programmes de la RDC) concernant des pays ayant expérimenté des taux d'inflation supérieurs à 40%, Hamann et Prati (2002) ont montré que les succès de ces programmes sont généralement de courte durée. En plus de l'absence et/ou de l'inadéquation (ou simplement d'un décalage temporel) des mesures d'ajustement fiscal et monétaire requises pour soutenir la stabilisation, ces auteurs ont aussi mis en évidence le rôle de trois types de facteurs dans la brièveté des phases de stabilité: le facteur « chance » représenté par les chocs externes négatifs, le comportement des importations des produits du pays par les principaux partenaires, des taux d'intérêt internationaux et des termes de l'échange ; les conditions initiales: plus élevé est le taux d'inflation juste avant la stabilisation, moins longue sera la stabilisation. De plus, la probabilité d'échec (c'est-à-dire d'une stabilisation de courte durée) est plus élevée pour les programmes ayant choisi une variable autre que le taux de change comme ancrage de la stratégie de stabilisation ; les conditions politiques et institutionnelles: la probabilité d'échec est plus élevée dans les cas des régimes politiques de courte durée et dans les régimes où le pouvoir exécutif est faible.

Comme on le sait, la RDC a ancré sa stratégie de stabilisation sur la base monétaire et non sur le taux de change. Le pays vient de faire place au régime politique qui a impulsé ce programme de stabilisation et s'est engagé dans une phase de transition au cours de laquelle le pouvoir exécutif va être exercé par des représentants venant de principales composantes et entités du « Dialogue inter-congolais ». Dans cette diversité politique, quelles sont les chances de préserver les résultats acquis par le PIR ? Cette question mérite d'être approfondie.

3.7. Évolution de l'activité de production

Selon les deuxièmes estimations de la Banque Centrale du Congo fondées les réalisations de production à fin juin 2008, la croissance en rythme annuel pourrait s'établir à 12 % pour l'ensemble de l'année 2008. Au profil de croissance observé au premier trimestre, cette évolution est expliquée à la fois par les facteurs de l'offre et de la demande.

En effet, du côté de l'offre, ce ralentissement est imputable notamment à l'atonie affichée par la branche de la production et distribution d'électricité et d'eau qui est à l'origine du ralentissement de l'activité des industries manufacturières.

Du côté de la demande, ce ralentissement résulte de l'inscription dans la durée de la crise alimentaire et de la tendance haussière des prix des produits pétroliers qui ont contribué à déprimer la consommation des particuliers.

Tableau 2 : Taux de croissance du PIB réel et du revenu par tête

	2001	2002	2003	2004	2005	2006	2007	2008
PIB réel (en millions de CDF de 2000)	290,827.1	300,914.4	318,341.2	339,478.9	365,960.8	386,386.0	410,565.1	459,832.9
PIB réel (en millions de USD de 2000)	4,212.4	4,358.6	4,611.0	4,917.1	5,300.7	5,596.6	5,946.8	6,508.4
Taux de croissance du PIB réel	-2.1	3.5	5.8	6.6	7.8	5.6	6.3	12,0
PIB réel par habitant (en USD de 2000)	78.7	79.3	81.7	84.8	88.8	91.0	93.9	99.8
Population (en millions d'habitants)	53.5	55.0	56.4	58.0	59.7	61.5	63.3	65.2
Taux de croissance du PIB réel par tête	-4.7	0.7	3.0	3.8	4.7	2.5	3.2	6.3

Source : Statistiques Economiques, Direction des Etudes, Banque Centrale du Congo.

La croissance demeure robuste dans la mesure où elle a favorisé une augmentation du revenu réel par tête de 6,3 % contre 3,2 % une année auparavant.

Graphique N°1 : Croissance économique et revenu réel par habitant en réel

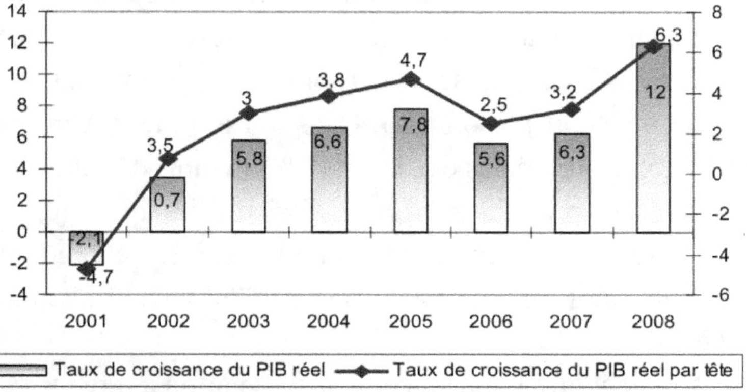

Source : Statistiques Economiques, Direction des Etudes, Banque Centrale du Congo.

3.8. Evolution de l'inflation

Le premier semestre de 2008 a connu globalement une tendance haussière du niveau général des prix. Cette hausse a été induite principalement par des facteurs exogènes liés aux chocs de l'offre et ce, en dépit de l'application des politiques budgétaire et monétaire restrictives à partir de mars.

A fin juin 2008, le taux cumulé s'est situé à 15,34 % avec une tendance annuelle de 33,04 % contre un objectif révisé de 23,5 %.

Il y a lieu de noter cependant qu'un ralentissement de l'inflation a été observé au cours des deux derniers mois. A la fin août 2008, le taux d'inflation cumulé s'est établi à 20,61 % et à 20,96 % à la première semaine de septembre 2008, correspondant à 32,10 % et 31,64 % en projection annuelle.

Tableau 3 : Evolution du taux d'inflation e janvier à août 2008

	Janvier	Février	Mars	Avril	Mai	Juin	Juillet	Août
Taux objectif mensuel	0,96 %	0,96 %	0,96 %	0,96 %	0,96 %	1,77 %	1,77 %	1,77 %
Taux mensuel réalisé	**1,42 %**	**1,14 %**	**0,98 %**	**2,12 %**	**4,22 %**	**4,62 %**	**3,47 %**	**1,06 %**
Taux objectif annuel	0,96 %	1,92 %	2,9 %	3,88 %	4,87 %	11,13 %	13,10 %	15,11%
Taux annuel réalisé	**1,42 %**	**2,58 %**	**3,58 %**	**5,78 %**	**10,25 %**	**15,34 %**	**19,35 %**	**20,61 %**
Taux annualisé	15,77 %	15,83 %	15,12 %	18,76 %	25,93 %	33,04 %	34,54 %	32,10 %

Source : Nous-mêmes, sur base des données brutes/direction des études banque centrale du Congo.

Les tensions inflationnistes observées au premier semestre résultent en grande partie des à-coups des crises alimentaire et énergétique sur le marché international. Ces dernières sont attestées au niveau national par l'évolution à la hausse des rubriques « Alimentation » et « Matériel de transport personnel ». Dans la rubrique « Alimentation », la contribution des céréales est de 31,98 % au mois d'août.

S'agissant des produits pétroliers, il sied d'indiquer qu'au dernier réajustement du prix du carburant à la pompe, intervenu en juin 2008, le prix du litre de l'essence est passé de 790,0 CDF à 825,0, soit une hausse de 4,4 %.

Depuis le début de l'année, cette augmentation a atteint 35,25 % et s'est répercutée principalement sur les prix de transport en commun et des biens manufacturés utilisant les produits pétroliers comme intrant dans leur fabrication.

A ces facteurs vient s'ajouter le déficit au niveau des infrastructures de base qui engendre des perturbations majeures dans la fourniture de l'énergie électrique et de l'eau potable, entraînant ainsi des coûts supplémentaires aux ménages ainsi qu'aux activités de production des industries.

« Par ailleurs, les marchés des biens et des services ont connu une surchauffe des prix à cause des perturbations intervenues dans le circuit de production ou de commercialisation de certains produits en raison notamment de l'engorgement du port de MATADI, intervenu au premier trimestre. Cette situation a menacé sérieusement le bon approvisionnement de la ville de Kinshasa, car la province du Bas-Congo demeure la principale porte d'entrée des produits importés pour la capitale.

De même, le respect de la mesure fiscale (Bivac) relative au contrôle avant importation de la valeur monétaire des marchandises à destination de la RDC a poussé certains opérateurs économiques à la rétention de leurs produits et au refus du renouvellement de leur stock.

La rubrique « Logement » a présenté également une tendance haussière induite principalement par la désarticulation du marché de ciment gris. En effet, le prix du sac de ciment de 50 kg se négocie à 25

USD alors que le prix homologué par le Ministère de l'Économie Nationale demeure à 13,5 USD.

Ce déséquilibre est dû à la pression grandissante de la demande face à une offre limitée par la capacité des industries existantes.

Par contre, le ralentissement du rythme de formation des prix intérieurs observé depuis juillet est expliqué par l'évolution à la baisse du prix du baril sur le marché international.

De juin à août, il est passé de 140 USD à 110 USD, soit une baisse de plus de 20 %. Cette inversion a entraîné la révision à la baisse du prix du carburant à la pompe, lequel en date du 03 septembre a été ramené à 795,0 CDF, soit une diminution de 3,6 %.

Après avoir connu des poussées inflationnistes de grandes ampleurs d'avril à fin juillet 2008, à la suite des effets conjugués de la crise alimentaire et la flambée des prix des produits pétroliers, l'inflation en rythme annuel, qui avait atteint des sommets successifs de 18,76 % en avril, de 25,93 % en mai et de 33,04 % en juin avant de culminer à 34,54 % en juillet, s'est ralentie en revenant à 31,64 % au 07 septembre. » (FMI, 2012).

Tableau 4 : Évolution annuelle de l'inflation de base

	Dec-07	Jan-08	Feb-08	Mar-08	Apr-08	May-08	Jun-08	Jul-08	Aug-08	07 sept-08
Taux mensuel	0.75	1.42	1.14	0.98	2.12	4.22	4.62	3.47	0.81	0.29
Taux cumulé annuel	9.96	1.42	2.58	3.58	5.78	10.25	15.34	19.35	20.31	20.96
Taux en glisssement annuel	9.96	9.72	8.91	8.20	9.30	12.49	18.21	23.36	23.63	24.71
Taux annualisé	9.96	15.77	15.83	15.12	18.76	25.93	33.04	34.54	32.68	31.64

Source : Statistiques Economiques, Direction des Etudes, Banque Centrale du Congo.

Ce ralentissement est lié, notamment au repli des cours du baril sur les marchés mondiaux et à la relative stabilité des prix des produits alimentaires au cours des trois premières semaines du mois d'août.

Évolution annuelle de l'inflation et ses principales composantes

Graphique N°2

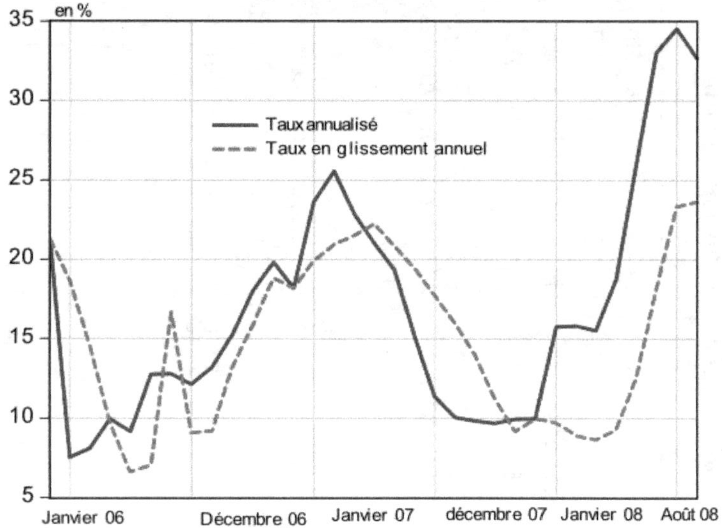

Graphique N°3

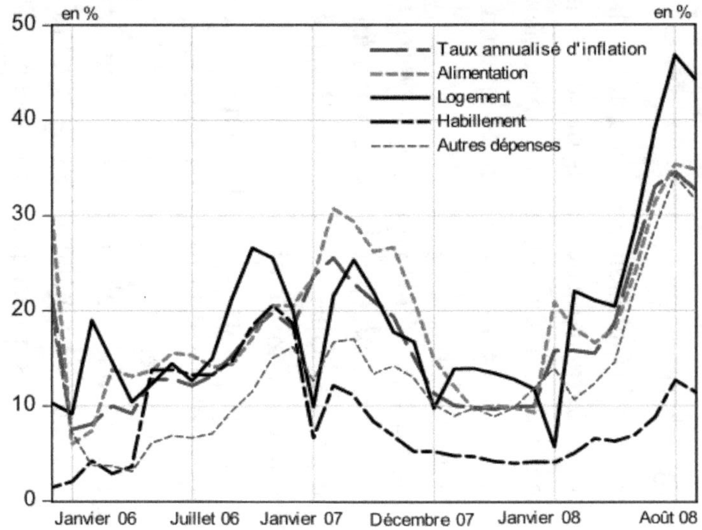

Source : Statistiques Économiques, Direction des Études, Banque Centrale du Congo.

En effet, les cours du brut se sont repliés en moyenne autour de 147,0 USD le baril à mi-juillet à 117,0 USD en fin août, soit un peu plus que leur niveau d'avril. Cette même tendance a été observée en ce qui concerne les prix des produits alimentaires, dont la progression en termes annualisée s'était accélérée à mi-juillet atteignant un pic de 36,17 %, avant d'afficher un fléchissement à 34,04 % en fin août. Ce repli est le reflet d'un léger relâchement de la tension induite par le recul des prix des produits de base et les ajustements opérés dans la demande des ménages du fait du renchérissement du coût de la vie.

Tableau 5 : Contributions des principales composantes de l'indice général des prix à l'inflation de base

	Jan-08	Feb-08	Mar-08	Apr-08	May-08	Jun-08	Jul-08	Aug-08
Alimentation	62.9	58.6	57.2	57.4	54.7	54.6	54.5	55.6
Logement	16.1	16.3	17.0	16.0	15.8	16.6	16.8	16.8
Habillement	1.6	2.7	2.8	2.2	1.8	2.5	2.2	2.1
Autres dépenses	19.4	22.4	23.0	24.9	27.7	26.3	26.6	25.5
Total	**100.0**	**100.0**	**100.0**	**100.0**	**100.0**	**100.0**	**100.0**	**100.0**

Source : Statistiques économiques, Direction des études, Banque Centrale du Congo.

En dépit de ce repli, les produits alimentaires et des autres articles et services divers sont demeurés depuis le mois d'avril des composantes majeures dans la formation des prix intérieurs dans la mesure où leur contribution moyenne a été particulièrement élevée se situant à 55,5 % et de 26,1 %, comme l'illustrent les graphiques ci-après :

Évolution annuelle de l'inflation et de ses principales composantes

Graphique N° 4

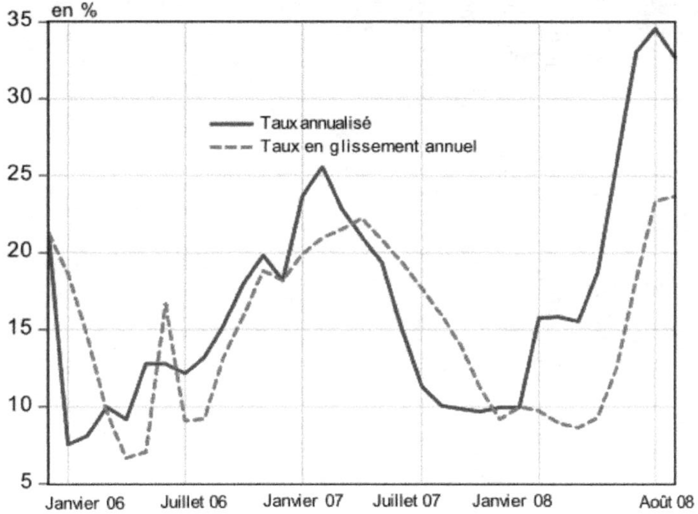

Graphique N°5

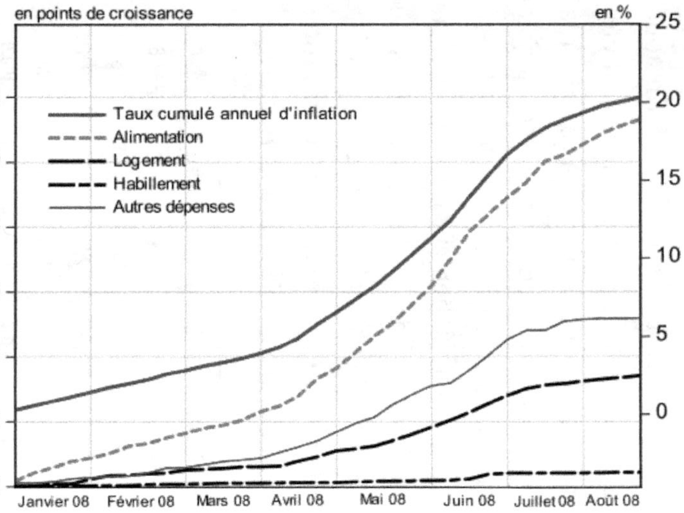

Source : Statistiques économiques, Direction des études, Banque Centrale du Congo.

Il sied de noter que la légère atténuation des pressions inflationnistes pourrait être seulement de courte durée, car des risques réels continuent à peser sur la stabilité des prix.

Ces risques sont de deux ordres, à savoir :

- Les revendications salariales amorcées ces dernières semaines par les différentes organisations syndicales des travailleurs du secteur des administrations publiques.
- Les difficultés pour le Gouvernement à garantir la sécurité alimentaire sur un horizon de court terme. En effet, parmi ces deux facteurs, les mouvements de revendication salariale font particulièrement craindre **« les effets de second tour» lesquels pourraient enclencher la boucle** « inflation-augmentation de la masse salariale - persistance du déficit du trésor ».

Une telle évolution sur le reste de l'année pourrait déboucher sur une combinaison d'une inflation d'origine monétaire avec celle entretenue par les coûts élevés des entreprises et des ménages qui serait difficilement maîtrisable pour la Banque centrale.

3.9. Paradoxe entre la stabilité du taux de change et l'envolée du niveau général des prix

Depuis l'indépendance du pays jusqu'à la fin de l'année 2012, en passant par la période de l'hyper inflation des années 90-2000, le taux de change et l'indice des prix à la consommation ont toujours évolué de façon synchrone. Le comportement de ces deux indicateurs de la stabilité du cadre macroéconomique reflète l'évidence selon laquelle l'inflation en RDC était considérée comme étant d'origine monétaire à cause principalement de la monétisation du déficit du Trésor.

Dans ce contexte, le mécanisme de transmission du processus inflationniste était le suivant :

Graphique N°6 : Mécanisme de transmission du processus inflationniste d'origine monétaire

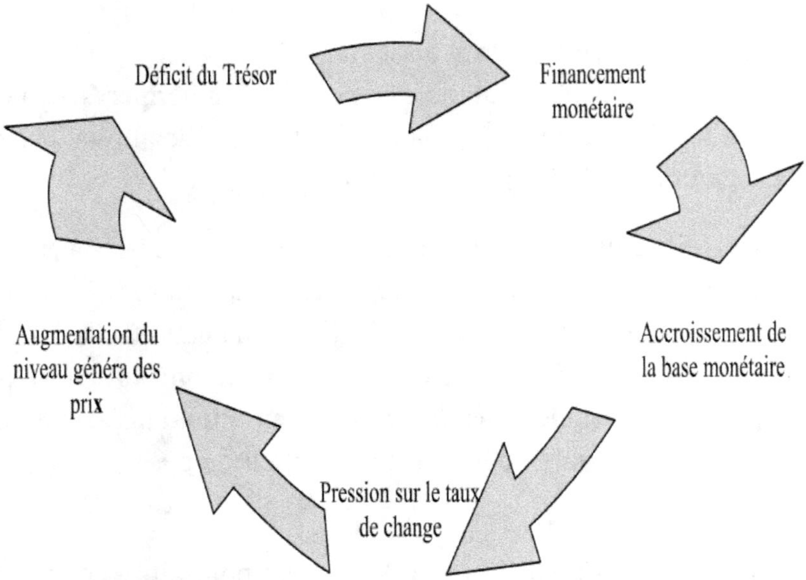

Source : Tshiunza Mbiye : la politique monétaire revisitée en RDC, une pesanteur d'hier, page 24, Janvier 2012.

Ce schéma a longtemps été à la base de la persistance de la spirale inflationniste qui a fait basculer le pays dans l'hyperinflation des années 90-2000. Cette réalité explique d'ailleurs la corrélation unitaire qui a toujours existé entre l'inflation et la variation du taux de change comme l'illustre le graphique 8 ci-dessous :

Graphique N°7 : Relation entre l'évolution de l'indice général des prix et le taux de change.

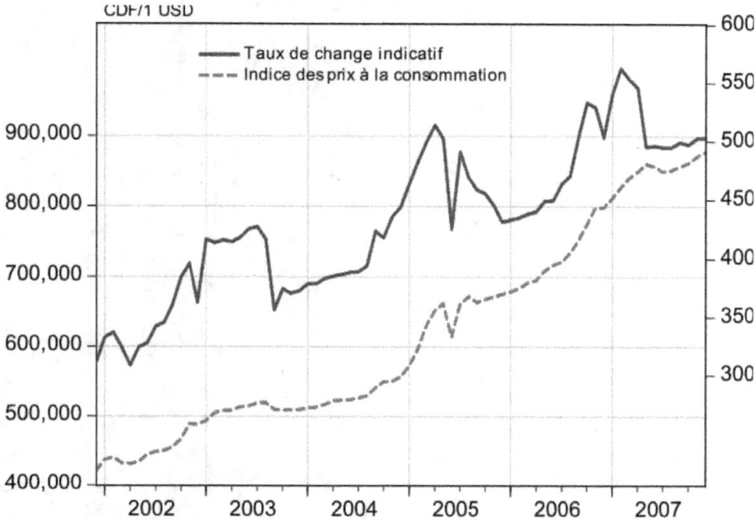

Source : Statistiques économiques, Direction des études, Banque Centrale du Congo.

Cependant, depuis la hausse durable des cours du baril du pétrole brut sur les marchés mondiaux et la crise alimentaire, le processus inflationniste est désormais expliqué essentiellement par les facteurs de l'offre à travers le schéma ci-dessous :

Graphique N°8 : Déconnexion entre le taux de change et le taux d'inflation

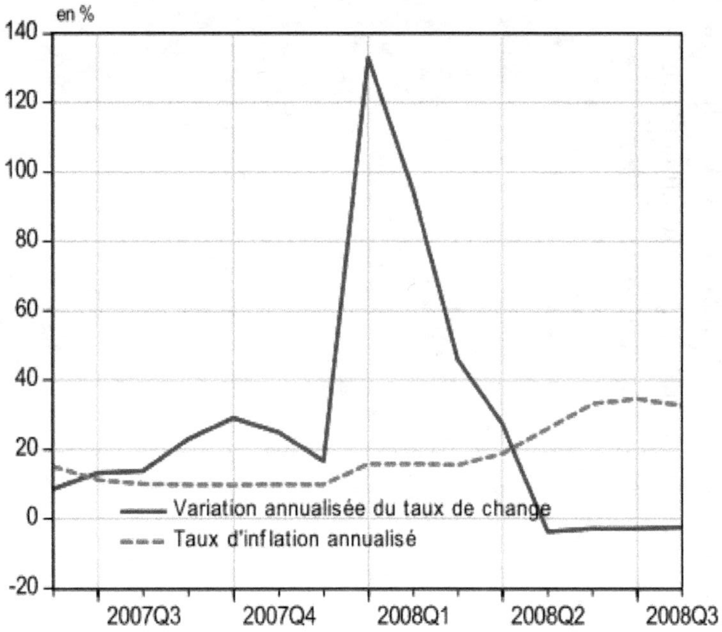

Graphique N°9 : L'évolution de l'inflation sous-jacente et du taux de

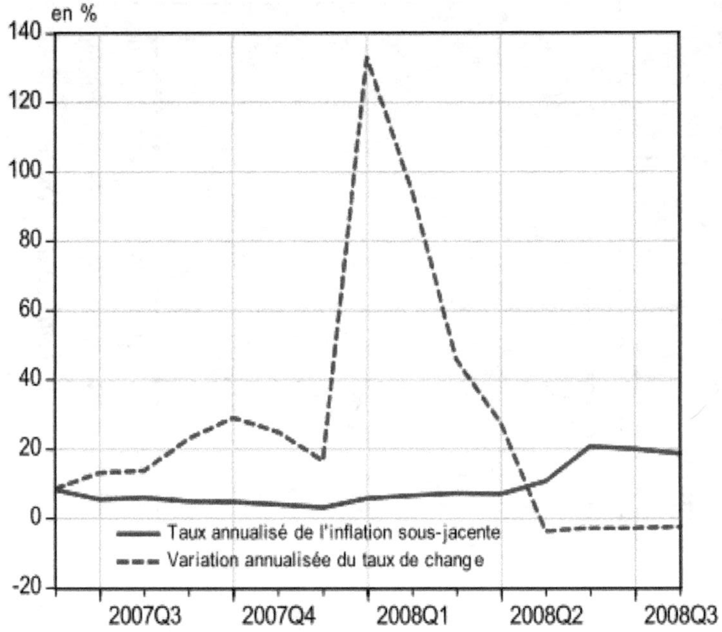

Source : Statistiques économiques, Direction des études, Banque Centrale du Congo

Augmentation des cours des produits de base→Accroissement des prix à l'importation → Augmentation du prix de revient des entreprises → Augmentation de l'inflation.
Ce phénomène, qui est d'ailleurs à la base de la déconnexion entre l'évolution de l'inflation et du taux de change, explique la progression moins rapide de ce dernier indicateur dans un contexte de resserrement de la politique monétaire et d'ajustement budgétaire.

Par ailleurs, il est important de relever aussi que ce phénomène est exacerbé en RDC par les facteurs structurels liés à la faiblesse des infrastructures de base et la pénurie en énergie électrique qui tendent à engendrer des surcoûts pour les entreprises.

La croissance plus rapide de l'inflation par rapport au taux de change a pris de l'ampleur à partir du mois d'avril à la suite notamment de la forte augmentation des cours du baril du brut sur les marchés mondiaux et le début de la crise alimentaire. Mais, le graphique N°11 indique que l'écart plus ou moins réduit entre la progression en rythme annuel de l'inflation sous-jacente et du taux de change tend à admettre l'idée selon laquelle dans un contexte caractérisé par une inflation par les coûts, l'efficacité de la politique monétaire pourrait être appréciée par le suivi de ces deux indicateurs.

3.10. Trajectoire et principaux chocs sur l'économie

« L'économie est mouvement », tel qu'on peut le lire régulièrement à travers l'évolution de la plupart des indicateurs macroéconomiques utilisés pour le suivi et l'interprétation de la conjoncture (DUPRIEZ, P., OST C., HAMAIDE C., VAN DROOGENBROECK, 2010). Le mouvement se conçoit en économie comme une succession d'appels à l'équilibre en réponse à des perturbations exogènes ou introduites – délibérément ou pas – par les agissements des pouvoirs publics. L'économie s'y ajuste inévitablement à travers les variations du produit global et les changements du niveau général des prix. Ces ajustements vont dépendre de la plus ou moins grande rapidité des réactions des agents économiques.

Pour être à même d'interpréter ici l'orientation et les effets de la politique économique en RDC, il est important de pouvoir identifier ce qui, dans les fluctuations observées, résulte de chocs d'offre ou de chocs de demande. Olivier Blanchard et Danny Quah (1989) ont proposé une méthode empirique d'identification de tels chocs en estimant simultanément des équations autorégressives liant entre elles des variables endogènes. Les résidus de leurs estimations sont identifiables à des chocs exogènes. Dans ce qui suit, il est fait usage simplement de leur position théorique selon laquelle, à court terme, un choc de demande fait varier la production et les prix dans la même direction, tandis qu'un choc d'offre les fait varier dans des directions opposées. Dans le tableau N°7, les différentes sous-périodes marquant l'évolution de l'économie congolaise ont été déterminées en fonction des principaux chocs qui l'ont affectée, en 1965-2005. Les données de base sont celles qui ont servi à l'élaboration des graphiques N°09 et N°10 plus loin.

L'étude précitée suggère que la décroissance de l'économie congolaise en 1960-2000 est attribuable pour 40 % au déclin du stock de capital par tête d'habitant, et pour 60 % à la baisse de la productivité globale des facteurs (PGF), qui est un indicateur synthétique mesurant l'efficacité avec laquelle sont combinés les facteurs travail et capital. Le PGF dépend, entre autres, de l'amélioration du savoir-faire, du niveau d'éducation, du fonctionnement des marchés et de l'organisation juridique et réglementaire des activités de production.

Tableau 6 : Identification des principaux chocs et leurs effets sur l'économie congolaise entre 1965-2005.

SOUS-PERIODES	TAUX DE CROISSANCE MOYEN	TAUX D'INFLATION MOYEN	NATURE DU CHOC	CHANGEMENTS PAR RAPPORT AU PRECEDENT
1965-1967	17,6 %	16,7 %	Choc de demande. Réforme monétaire de juin 1967. Hausse exceptionnelle des cours mondiaux du cuivre.	Malgré le maintien de la croissance, l'inflation s'est poursuivie.
1968-1974	6,5 %	19,2 %	Choc de demande. Politiques budgétaires et monétaires expansionnistes.	Ralentissement de la croissance et progression de l'inflation.
1975-1979	-3,2 %	67,3 %	Chocs d'offre. Effets à retardement des mesures de zaïrianisation (1973) et de radicalisation (1974) ainsi que du premier choc pétrolier (1973).	Récession et accélération de l'inflation.
1980-1988	1,9 %	60,6 %	Choc de demande. Politiques budgétaires et monétaires restrictives dans le cadre des programmes d'ajustement (1983, 1987-88).	Légère reprise de l'activité économique et modeste recul de l'inflation.
1989-2001	-5,7 %	1887,3 %	Chocs d'offre. Pillages (1991, 1993), transition politique chaotique (1990-1997), guerres civiles (1996, 1998).	Aggravation de la récession et apparition de l'hyperinflation.
2002-2005	5,6 %	12,4 %	Choc de demande. Programmes de redressement (PIR et PEG).	Relance économique et forte décélération de l'inflation.

Source : République Démocratique du Congo, commission économique et financière, séminaire d'évaluation de l'action gouvernementale.

Graphique N°10 et N°11 : Évolution du taux de croissance du PIB réel et du taux d'inflation en 1966-2005

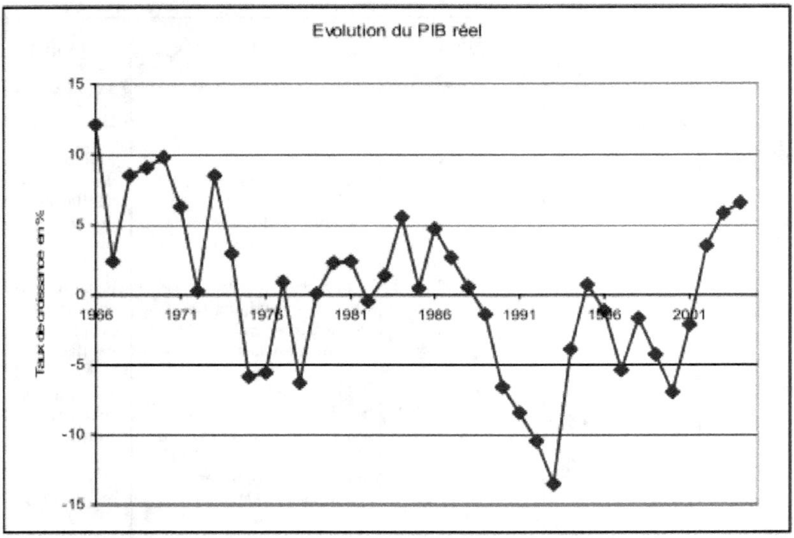

Source : IMF, International Financial Statistics, 1980 ; BANQUE CENTRALE DU CONGO, Rapports Annuels.

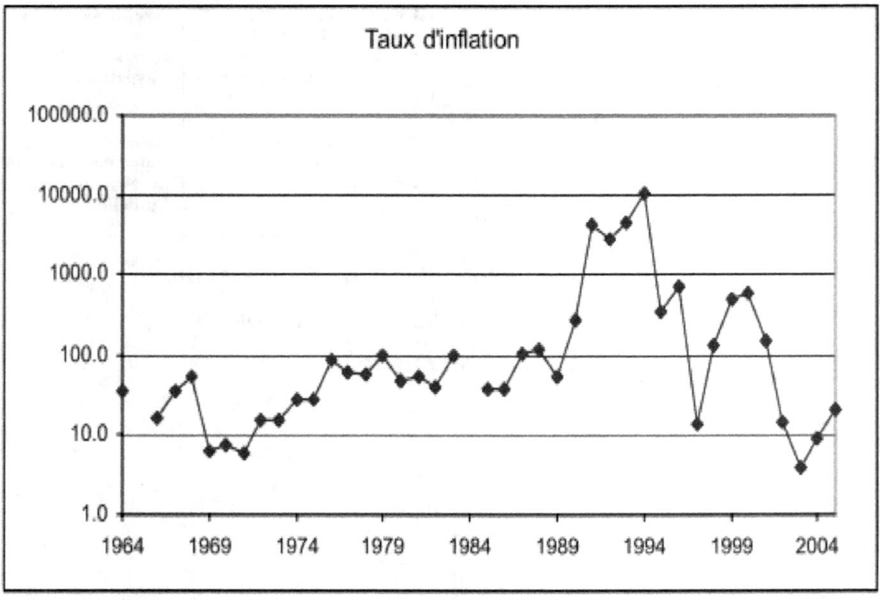

Source : IMF, International Financial Statistics, 1980 ; BANQUE CENTRALE DU CONGO, Rapports Annuels.

L'économie congolaise est confrontée à la fois aux chocs de demande et aux chocs d'offre. Les premiers sont liés aux politiques courantes dans les domaines budgétaire, monétaire et des changes ainsi qu'aux mesures nécessitées par la stabilisation macroéconomique. Quatre grands moments ont été ainsi identifiés :

- La sous-période 1965-1967, allant de l'avènement du régime Mobutu à la réforme monétaire de juin 1967 ;
- La sous-période 1968-1974, consécutive à la réforme monétaire précitée, qui s'est caractérisée par la poursuite des politiques budgétaire et monétaire expansionnistes ;
- La sous-période 1980-1988 comprenant les programmes d'ajustement structurel de la première génération ;
- La sous-période 2002-2005 correspondant à l'exécution des programmes d'ajustement structurel de la seconde génération. Quant aux principaux chocs d'offre identifiés, ils sont négatifs dans leur ensemble. Un premier groupe comprend les mesures de zaïrianisation (1973) et de radicalisation (1974) et le premier choc pétrolier (1973). Leurs effets ne se sont pleinement exprimés qu'en 1975-1979. Un second groupe de chocs négatifs est relatif aux effets consécutifs à la suspension du programme d'ajustement en 1988, aux deux vagues de pillages (1991 et 1993), à une longue et chaotique transition politique (1990-1997) et aux deux guerres civiles (1996 et 1998). Ces chocs d'offre ont influé négativement, selon les cas, sur l'outil de production, sur la confiance dans le gouvernement et sur le climat général des affaires tout au long de la sous-période 1989-2011.

De l'examen du tableau N°6, il se dégage clairement que les périodes de stabilisation macroéconomique ont été précédées, chaque fois, par plusieurs années de récession et d'aggravation de l'inflation. Une telle configuration est théoriquement envisageable dans l'hypothèse d'une présence simultanée des chocs d'offre négatifs et des chocs de demande positifs ; ce qui interpelle la capacité réelle de pilotage macroéconomique du gouvernement. Il transparaît également du tableau N°6 que la reprise de l'activité économique et la décélération de l'inflation sont synchroniques en périodes d'exécution des programmes d'ajustement. En outre, en dehors d'un programme de stabilisation macroéconomique, le taux d'inflation tend généralement à s'élever. Autrement dit, l'inflation serait immanente à l'économie congolaise.

Considérant le caractère permanent de l'inflation en RDC, Jean-Claude Nachega (2005) a testé avec succès, sur une période assez longue, l'hypothèse d'une forte prévalence des facteurs budgétaires dans l'expansion monétaire et l'alimentation de l'inflation.

La ténacité de cette relation est variable dans le temps et remonte aux premières années de l'accession du pays à l'indépendance. Au départ, ce fut l'éclatement des troubles civils, la rupture des moyens de communication et les velléités de sécession qui ont privé le pouvoir central de l'essentiel de ses ressources budgétaires, le contraignant ainsi à recourir au 'seigneuriage' monétaire au risque d'entretenir l'inflation. Une relative accalmie est intervenue sur ce front en 1965-1970 consécutivement à la stabilité politique instaurée par Mobutu et aux retombées favorables de la réforme monétaire de juin 1967, qui avait bénéficié de circonstances techniques et économiques favorables.[9]

Le financement monétaire des déficits publics a pris un tournant décisif dès la seconde moitié des années 70 et dans les années 80 pour culminer en hyperinflation au cours de la décennie 90. Au fil des années, le 'seigneuriage' monétaire s'est présenté comme un moyen commode pour l'Etat de se procurer des ressources, mais aussi un facteur très aggravant de l'inflation (BEAUGRAND, 1997); et la monnaie elle-même a été de plus en plus instrumentalisée par les dirigeants pour se maintenir au pouvoir (KABUYA, F.K. et TSHIUNZA, 2003). C'est à l'occasion de l'exécution du PIR et du PEG, deux programmes de redressement, l'un appuyé techniquement par le FMI et l'autre bénéficiant de son concours financier, que l'hyperinflation a été cassée. Mais pour combien de temps ?

[9]Un crédit 'stand-by' de 27 millions de dollars américains était disponible auprès du FMI. Il ne fut jamais utilisé à la suite de la remontée des cours du cuivre, principale source de financement de l'économie congolaise à l'époque.

3.11. Stabilisation macroéconomique en RDC

Comparant les différents programmes de stabilisation initiés au Congo, Mukoko Samba (2003) note que l'économie politique de l'ajustement est demeurée inchangée : les efforts sont constamment tournés vers le rééquilibrage macroéconomique à l'aide des instruments monétaires et de change. Il relève en outre qu'en cette matière, «le Congo détient un impressionnant record d'échecs. Combien de temps durera la stabilité relative retrouvée depuis juin-juillet 2002 ?». Remarque très pertinente et question inévitable concernant précisément l'avenir du PEG, ce programme d'ajustement qu'exécute le gouvernement depuis le 1er avril 2002. Conçu pour se terminer normalement le 31 er juillet 2005, le PEG a vu l'année dernière sa date de clôture être prorogée jusqu'au 31 mars 2013, le Conseil d'administration du FMI ayant espéré que le gouvernement congolais pourrait en améliorer la performance jugée trop mitigée (TSHIUNZA, M. et LUWANSANGU, 2005). Aujourd'hui, tout laisse entrevoir l'échec du PEG et sa suspension formelle par le FMI.

Un crédit 'stand-by' de 27 millions de dollars américains était disponible auprès du FMI. Il ne fut jamais utilisé à la suite de la remontée des cours du cuivre, principale source de financement de l'économie congolaise à l'époque.

3.12. A quoi tient la récurrence des échecs en matière de stabilisation macro-économique en RDC ?

Pour explorer cette question avec quelque clarté, il sied d'examiner comment les conditions économiques de départ ont été prises en compte, chaque fois, dans la mise en place des différents programmes d'ajustement. Il importe également de considérer la nature et l'ampleur des mesures de redressement arrêtées, le contexte de leur déploiement effectif ainsi que la capacité institutionnelle de mener à bien l'ensemble du programme défini.

Dans cette perspective, il convient de rappeler deux caractéristiques importantes de l'économie congolaise déjà évoquées:

1) La permanence de l'inflation et
2) L'existence simultanée de la récession et d'une inflation qui s'aggrave durant les années précédant la mise en route des programmes d'ajustement.

Cette dernière configuration a prévalu en 1975-1979 et en 1989-2001, comme indiqué dans le tableau N°7 plus haut. Il est évident, au regard de la combinaison des paramètres précités, que l'économie congolaise était soumise en permanence à des chocs positifs de demande qui sont à l'origine des tensions sur les marchés des produits et des changes ; et périodiquement, à des chocs négatifs d'offre qui ont entamé l'outil de production et dégradé le climat de l'investissement. L'instabilité macroéconomique elle-même et l'incertitude de la politique du gouvernement y ont particulièrement contribué.

S'agissant des mesures de redressement, il est bien établi que les finances publiques, la monnaie et le taux de change constituent le 'ventre mou' de l'économie congolaise. Dès lors, il n'est pas étonnant que des mesures de réduction de la demande (par des politiques budgétaire et monétaire restrictives) et de réorientation de la demande globale (par des modifications du taux de change) aient constitué le socle invariable des programmes de stabilisation et des programmes d'ajustement structurel.

Dans les années 1960 et 1970, les dévaluations ont été le principal instrument de politique économique fréquemment utilisé par le gouvernement pour tenter de rétablir les équilibres interne et externe rompus, chaque fois, en désespoir de cause et finalement sans grand succès.[10] En désespoir de cause, parce que les mesures de redressement requises étaient souvent différées dans l'espoir que la dégradation de la situation économique était temporaire et réversible. En réalité, le fonctionnement même de l'économie congolaise et la nature des réactions officielles étaient loin de garantir un ajustement

[10]Pour des raisons de commodité politique, les dévaluations ont été souvent présentées à l'opinion congolaise sous l'appellation aseptisée de «réformes monétaires». De 1960 à 1979, on compte quatre réformes monétaires majeures : en novembre 1963, en juin 1967, en mars 1976 et en décembre 1979.

automatique de l'économie dans le contexte qui a prévalu à l'époque : celui d'un régime des taux de change fixes opposable à tous les pays membres du FMI. A cet égard, il convient de noter que le maintien de la parité officielle était l'une des obligations et, pour s'y conformer, les autorités monétaires nationales devaient se tenir prêts à intervenir sur le marché des changes pour contenir les fluctuations du cours de la monnaie dans les limites autorisées.

Préserver la valeur externe de la monnaie impliquait donc que les autorités monétaires acceptaient de ne pas contrecarrer, par la relance du crédit intérieur, les contractions de la base monétaire induites par la diminution des réserves de change. Au Congo, la monétisation sans cesse des déficits publics s'est posée en un obstacle quasi permanent à la réalisation des objectifs d'équilibre interne et externe. Cet état des choses est loin d'être un simple problème technique.

Assurer à l'économie un financement adéquat, maintenir la stabilité des prix et du taux de change et promouvoir l'équilibre des paiements extérieurs, telle est, au Congo, la mission confiée officiellement à la Banque Centrale qui doit l'exercer, au jour le jour, par la conduite d'une politique monétaire prudente. Les premiers textes réglementant son organisation limitaient le niveau des avances à l'Etat, au cours de chaque période, à 15 % de la moyenne des recettes budgétaires des trois derniers exercices (article 22). Cette disposition est davantage renforcée aujourd'hui par la loi n°005/2002 du 07 mai 2002, qui interdit absolument à la Banque Centrale d'accorder des avances ou tout autre type de crédit à l'Etat (article 57). Malgré toutes ces dispositions, la Banque Centrale ne s'y sent jamais tenue. Selon elle, il serait déraisonnable, en sa qualité de caissier de l'Etat, de gêner le fonctionnement normal de ce dernier en ne lui octroyant pas des avances.[11]

A la suite de cette politique d'accommodement constant du Trésor public, il s'est opéré de plus en plus un rationnement du crédit aux

[11]Cette position n'est pas totalement désintéressée. Les intérêts perçus sur les avances faites au Trésor représentent, en effet, la principale source des recettes d'exploitation de la Banque Centrale du Congo au détriment des autres produits traditionnels.

entreprises et aux particuliers occasionnant ainsi un certain effet d'éviction sur l'investissement privé.

On pourrait dire que l'échec des programmes de stabilisation des années 70 a résidé, au plan technique, dans le fait que le contrôle de la masse monétaire n'a pas été mis au service de la recherche de l'équilibre interne et externe au même titre que les modifications du taux de change. Ce qui viole la règle élémentaire de cohérence énoncée par Jan Tinbergen en matière de politique économique, qui stipule qu'il faut autant d'instruments qu'il y a des objectifs à atteindre. En réalité, comme le prouve également l'exécution des programmes suivants, c'est avant tout un problème de manque de volonté politique pour contenir les déficits publics, d'une part, en limitant certaines dépenses et, d'autre part, en améliorant la mobilisation des recettes budgétaires. Au contraire, lorsque contraint de réduire le train de vie de l'Etat pour rencontrer les critères de performance des programmes de stabilisation, le gouvernement a invariablement sacrifié les dépenses de fonctionnement et d'investissement au profit du maintien des dépenses dites de «souveraineté».

De leur côté, les institutions de Bretton Woods, supervisant l'exécution des programmes d'ajustement, s'interdisaient jusqu'à une certaine époque d'interférer dans ce genre d'arbitrage des dépenses au motif qu'il s'agissait de «choix politiques». Pour n'avoir pas prêté attention à la qualité de la dépense publique, et surtout à cause de la nature déflationniste de leurs mesures, les programmes classiques de stabilisation ont été critiqués par des analystes. Au Congo, les dirigeants politiques devinrent réfractaires à l'idée même de se soumettre à la 'rigueur' des programmes d'ajustement estimant qu'«on ne mange pas la rigueur».

L'avènement des programmes dits d'"ajustement structurel", dans les années 80, était censé venir compléter les politiques de gestion de la demande des programmes classiques de stabilisation avec des mesures à caractère libéral visant à stimuler l'offre grâce à l'amélioration du climat des affaires : réforme fiscale, libéralisation des marchés financiers, unification et libéralisation du taux de change, libéralisation du commerce, privatisation, etc. Cet arsenal de mesures connu plus tard sous l'appellation de «catéchisme ou consensus de Washington» a été appliqué en RDC à un rythme moins progressif dans les programmes des années 80 que dans ceux exécutés depuis 2001. A l'occasion de la «révolution libérale de 1983» (Mukoko, 2002), outre la libéralisation des prix, du commerce des matières précieuses et de la réglementation des changes, il y eut unification des taux de change officiel et parallèle.

Malgré l'annonce officielle de l'abolition de la parité fixe et l'instauration d'un système de taux de change flottant, cette dernière option ne connut aucun début d'application. Cette lacune condamnait déjà à terme ces programmes d'ajustement structurel de la première génération, aux mêmes difficultés de gestion de la monnaie et du taux de change et au même sort que celui des programmes de stabilisation des années 70. L'économie ne connut qu'un léger redressement en matière de croissance et d'inflation en 1980-1988. Le taux de croissance s'est situé en moyenne à 1,9 % contre -3,2 % entre 1975 et 1979, et l'inflation s'est située à 60,6 % contre 67,3 % à la sous-période précédente. L'absence de progrès remarquables dans la gestion des finances publiques et dans la maîtrise de l'inflation a conduit, en 1988, à la suspension du programme d'ajustement conclu avec le FMI et la Banque Mondiale. Les tentatives d'exécution d'un autre programme en 1989 se sont également soldées par un échec, malgré des résultats qui s'annonçaient prometteurs au départ : «La gestion restrictive de la demande intérieure, qui avait permis une certaine stabilisation financière en 1989, n'a pu être poursuivie en 1990. Dans ces conditions, l'instabilité qui s'en est suivie ne pouvait favoriser l'expansion des activités productives» (BCC, 1990). Il s'est écoulé, depuis lors, plus d'une décennie avant que la RDC n'entre à nouveau en programme avec les institutions de BrettonWoods.

Deux programmes successifs de redressement économique et financier sont mis en place. Ces programmes d'ajustement structurel de la deuxième génération se sont inscrits dans le contexte nouveau de la Facilité pour la Réduction de la Pauvreté et pour la Croissance

(FRPC) du FMI et de l'Initiative des Pays Pauvres Très Endettés (PPTE). Outre les exigences classiques d'un programme de stabilisation, requérant des politiques macroéconomiques restrictives, il y a à l'affiche la libéralisation des prix y compris ceux des produits pétroliers, des marchés des changes, du commerce du diamant d'exploitation artisanale et surtout l'instauration effective d'un régime de taux de change flottants. Pour la première fois dans l'histoire du pays, la politique monétaire, désormais libérée des contraintes antérieures imposées par le soutien de la parité officielle, peut se mettre théoriquement au service de la stabilité des prix intérieurs. Grâce à une gestion des finances publiques strictement sur la base caisse, l'hyperinflation est effectivement cassée. Mais pour combien de temps ?

3.13. Les fondements juridiques du cadre macro-économique : compétences de la BCC

« La banque est chargée de définir et mettre en œuvre la politique monétaire du pays dont l'objectif principal est d'assurer la stabilité du niveau général des prix. Elle agit de façon indépendante dans la réalisation de cet objectif en soutenant la politique économique du gouvernement. » [12]

Pour ce faire, la BCC recourt à différents instruments dont la finalité est d'assurer un niveau de liquidité suffisante dans l'économie nationale. Ces instruments sont les procédures de refinancement à court et à long terme. Par ailleurs, la BCC limite le pouvoir de création monétaire des banques commerciales en leur imposant un niveau raisonnable des réserves obligatoires.

« En mettant en œuvre ces opérations de politique monétaire, la BCC agit comme une pompe aspirante et refoulant selon l'expression de PATAT, 2001. »

Les opérations des politiques monétaires visent ainsi soit à mettre à la disposition de l'économie de la liquidité dont elle a besoin, soit à épargner une liquidité supplémentaire, source d'inflation. Examinons

---

[12] Art. 3de la loi n°005/2002 du 07 mai 2002

les compétences de la Banque Centrale en matière de politique monétaire (1) et celui des changes (2).

3.14. Les opérations de politique monétaire :

Un maintien de la stabilité du niveau général des prix.

Il existe deux types d'opérations de politique monétaire. Il s'agit d'un côté des opérations qui visent le refinancement de l'économie nationale et, de l'autre côté, celles qui visent à ponctionner la liquidité.

3.14.1. Les opérations de refinancement de l'économie : une étude de l'instruction n°4 de la BCC

Les opérations de refinancement sont régies par les dispositions n° 4 aux banques du 27 mai 2009 édictées par la BCC. Ce texte fixe les contreparties, les actifs éligibles en garantie et les modalités de refinancement. Il résulte des dispositions des articles 10 et 14 de l'instruction sus évoquée que les contre parties éligibles aux opérations de refinancement sont uniquement les banques commerciales.

« Conformément aux dispositions de l'article 8 de la loi n°005/2012 du 07 mai 2012, la BCC exige des garanties aux banques qui se présentent à ses guichets. L'article 2 de l'instruction n°4 dispose en effet que le refinancement des banques à la banque Centrale est subordonné au nantissement des effets des titres publics ou privés de bonne qualité. Cette qualité du signataire suffit. » [13] Les titres privés doivent répondre à certaines exigences.

« Il est prévu deux modalités de refinancement des banques, à savoir : les prêts à court terme qui consistent dans les opérations de cession temporaire de francs congolais par la BCC aux banques commerciales assorties d'une échéance de sept jours maximum, renouvelable à l'appréciation de la BCC et les facilités permanentes allouées aux banques commerciales pour couvrir notamment leur position débitrice en fin de journée à la chambre de compensation. Il s'agit ici d'une cession de liquidité intra-journalière : l'argent est prêté

---

[13] Il faut convenir que la qualité de signature du trésor public congolais est très dégradée suite à l'échec des opérations de remboursement des bons du trésor.

au jour le jour pour une maturité supérieure à 24 heures en tenant compte des jours non ouvrables. » [14]

« Les taux d'intérêt de ces deux opérations ne sont pas identiques. Les opérations au guichet de prêt à court terme s'effectuent au taux directeur de la BCC ; tandis que les opérations au guichet de facilités permanentes s'effectuent au taux directeur majoré. [15]

Par ailleurs, les intérêts se rapportant aux opérations de prêt à court terme sont précomptés et les intérêts relatifs aux opérations de facilités permanentes sont perçus à terme échu. » [16]

L'intérêt de distinction entre les deux guichets est le suivant : les facilités permanentes sont destinées à fournir des liquidités au jour le jour, à indiquer l'orientation générale de la politique monétaire et à encadrer les taux du marché au jour le jour. Par contre, les cessions temporaires jouent un rôle pour le pilotage des taux d'intérêt, la gestion de la liquidité bancaire et pour indiquer l'orientation de la politique monétaire.

3.14.2. La maîtrise de la liquidité bancaire : une analyse des instructions n0°10 et 20 de la BCC

Pour maîtriser le niveau de la liquidité bancaire, la BCC recourt aux billets de trésorerie ou à des réserves obligatoires.

A. Le billet de trésorerie

Le billet de trésorerie (BTR) est régi par l'instruction n°20 aux banques du 12 septembre 2014.

Il se définit comme étant « un titre de dettes à court terme émis par la Banque Centrale et négociable de gré à gré sur le marché secondaire ». Il est ainsi un instrument employé par la BCC pour son refinancement en cas de diminution ou d'augmentation du volume de la base monétaire. Il consiste en des opérations de prêts ou de dépôt accordés aux banques à court de liquidités.

---

(14) Art. 10 de l'instruction n°4

(15) Art. 11 et 16 de l'instruction n°4

(16) Art. 13 et 18 de l'instruction n°4

Le montant de la souscription est le montant cédé par la BCC, pour son compte propre ou pour le compte des tiers. Le montant fixé par le BCC est le minimum auquel les banques commerciales et autres intermédiaires financières doivent souscrire.

Le taux d'intérêt est celui qui est retenu sur chaque soumission. Ce taux est annuel, en base de 360 jours, à deux décimales et s'applique à la maturité de souscription. Après calcul, le montant du taux d'intérêt doit s'arrêter à deux chiffres après la virgule. Le montant de rembourrement est la valeur de la souscription majorée des intérêts.

La maturité du BTR est de 7,14 ou 28 jours à compter de la date de la souscription. Les banques et autres agents qui souscrivent aux avis d'appel d'offre lancée par la BCC ont le choix de rembourser dans les 7,14 et 28 jours qui suivent leurs souscriptions et c'est dans ce détail que la banque peut se fixer sur les résultats. Les intérêts générés par la souscription au BTR sont exonérés d'impôt. Les ponctions de la liquidité au moyen du BTR sont normalement effectuées par voies d'appels d'offre. Les procédures d'appels d'offre comportent six étapes opérationnelles : l'annonce de l'appel d'offres, la préparation et la soumission des offres par les contres parties, la collecte des offres, l'adjudication et l'annonce des résultats, la notification des résultats individuels de l'adjudication et le règlement des opérations.

La BCC distingue deux catégories différentes de procédures d'appels d'offres : les appels d'offre normaux et les appels d'offre rapide. Les deux procédures sont identiques, sauf en ce qui concerne leur chronologie et le champ des contre parties.

Pour les appels d'offre normaux, un délai de 24 heures maximum s'écoule entre l'annonce de l'appel d'offre et la notification du résultat de l'adjudication (le laps de temps compris entre l'heure limite de soumission et l'annonce du résultat étant de deux heures environ pour les appels d'offre rapides).

B. Les réserves obligatoires

L'instruction n°10 aux banques du 26 octobre 2009 fixe le coefficient de réserves obligatoires. Selon ce texte, les banques sont tenues de constituer des réserves obligatoires dans les livres de la

BCC. L'assiette et le coefficient de la réserve obligatoire est la suivante : la réserve obligatoire se compose des avoirs en monnaie nationale des banques en compte indisponible auprès de la BCC.

Les banques qui ne satisfont pas à l'exigence d'une constitution de réserve obligatoire sont sanctionnées d'une astreinte égale au taux d'intérêt sur les facilités permanentes augmenté de moitié assise sur le montant de l'insuffisance de la réserve obligatoire pour la période correspondante.

Par la politique monétaire, la BCC veille à la stabilité du niveau général des prix, à la sauvegarde de la valeur interne de la monnaie. Elle équilibre la demande et l'offre de la monnaie en contrôlant la liquidité, source d'inflation. Mais cela ne suffit pas pour une stabilité monétaire. Il faudra aussi contrôler le niveau de transaction cambiaires pour une sauvegarde de la valeur externe de la monnaie.

La réserve obligatoire est régie par construction n° 10 de la BCC. Au regard des dispositions de cette instruction, les banques sont tenues de constituer des réserves auprès de la banque centrale. L'assiette de calcul et le taux (coefficient) de la réserve obligatoire sont déterminés par l'autorité monétaire.

En général, l'assiette et le coefficient de la réserve obligatoire restent stables. Les ajustements de cet instrument de politique ne sont opérés qu'en cas de chocs structurels sur la liquidité.

La réserve obligatoire a pour rôle d'exercer une influence sur la liquidité bancaire et par conséquent d'agir sur la capacité d'octroi des crédits des banques commerciales. Elle vise à contraindre les banques agréées à détenir, sous formes de monnaie centrale, une fraction des dépôts de la clientèle. La réserve obligatoire, introduite avec vocation prudentielle, n'est désormais utilisée que dans le cadre de la politique monétaire.

Le durcissement ou l'assouplissement de la réserve obligatoire, en raison de ces indices en termes de coûts induits et d'opportunité sur l'exploitation du système bancaire, peut provoquer un relèvement ou une détente des taux d'intérêts débiteurs des banques ou amener les banques à offrir des conditions de rémunération plus ou moins attractives sur les ressources de l'épargne.

Par ailleurs, les réserves obligatoires orientent la structure des dépôts bancaires. Elles peuvent entraîner une modification de la gestion des éléments du bilan au profit des valeurs non soumises à constitutions des réserves. (Politique monétaire de la BCC et cadre de référence 2015. P104).

En effet les banques sont tenues de détenir des réserves auprès de la banque centrale en proportion d'un pourcentage des dépôts qu'elles reçoivent de leurs clientèles. Les coefficients de cette réserve est déterminé par la Banque Centrale. La réserve obligatoire a pour rôle d'exercer une influence sur la liquidité bancaire et par conséquent agir sur une capacité d'octroi des crédits des banques commerciales. Elle vise à contraindre les banques agrégées à détenir, sous forme de monnaie centrale, une fraction des dépôts de la clientèle.

Le durcissement ou l'assouplissement de la réserve obligatoire, en raison de ses incidences en termes de coûts induits et l'opportunité sur l'exploitation du système bancaire, peuvent provoquer un relèvement ou une détente des taux d'intérêt débiteur des banques ou amener les banques à offrir des conditions de rémunération plus ou moins attractives sur les ressources de l'épargne.

Par ailleurs, les réserves obligatoires orientent la structure des dépôts bancaires. Elles peuvent entraîner une modification de la gestion des « éléments du bilan au profit des valeurs non soumises à constitution de réserves » (BCC, 2012).

3.14.3. Les opérations de change : la prévention et la correction de la BCC

Dans le cadre d'un régime de change flottant, la monnaie nationale circule concomitamment avec les monnaies étrangères. La prévention consiste pour la BCC à réunir le maximum d'informations possibles sur les opérations de change. Lorsque les cours des monnaies étrangères connaissent une fluctuation importante à la hausse, la BCC doit intervenir sur le marché des changes pour corriger l'équilibre.

Examinons ainsi d'une part l'encadrement des opérations de change (1) et, d'autre part, les interventions de la BCC sur le marché des changes (2).

3.14.3.1. L'encadrement des opérations de change : moyen de prévention

« Depuis le 27 mai 2011, le programme Intérimaire Renforcé (PIR) et le programme Economique du Gouvernement ont permis de stabiliser le franc congolais en supprimant les taux de change fixes pour adopter le taux de change flottants. Il y a eu une réduction de l'écart entre le taux indicatif (officiel) et le taux parallèle. Les opérations de change concernent les opérations entre les résidents et les non-résidents impliquant le recours à la monnaie étrangère comme monnaie de transaction ou unité de compte. Aux termes des dispositions de la réglementation de change de la BCC, ces opérations sont soumises aux déclarations préalables. Le système appliqué par celle est décentralisé en ce sens que les opérateurs économiques font leur déclaration auprès des banques commerciales. Puis, ces banques valident les documents de change et veillent, le cas échéant, au rapatriement des recettes en monnaies étrangères par l'opérateur. » [(17)]

Le principal rôle de la politique de change est de prévenir ou de lutter contre les chocs transitoires en cessant les fluctuations du taux de change et en préservant les niveaux adéquats des réserves internationales.

« Il existe cependant des opérations soumises à une autorisation préalable ou à l'agrément de la BCC. Il en est ainsi de l'exportation ou

[17] Le code des investissements et le code minier dérogent à ce principe en permettant aux opérateurs économiques de gérer des comptes non-résidents en monnaie étrangère. L'obligation de rapatrier les devises est ainsi atténuée.

de l'importation des billets de banques et billets en monnaie étrangères » [(18)] « et de l'ouverture des bureaux de change. » [(19)]

3.14.3.2. Les interventions de la BCC sur le marché de change : moyen de correction

En raisonnant en termes d'économie ouverte, l'intégration entre les sphères réelle et monétaire se trouve enrichie par le canal du taux de change. En effet, selon Frederick ROTAMBATCH (2015), dans un régime de changes flexibles, les implications des transactions cambiaires réduit la mobilité des capitaux. Cette réduction de la mobilité des capitaux implique une relation complexe entre le taux d'intérêt et le taux de change : le différentiel du taux d'intérêt entre deux pays est égal à la variation anticipée du taux de change. En conséquence, une politique monétaire expansionniste entraîne la hausse des taux d'intérêt qui réduit la production par deux effets :

- D'une part, la baisse de l'investissement et les sorties de capitaux qui entraînent l'appréciation du change et la dépréciation de la monnaie nationale ;
- D'autre part, une réduction de la production par augmentation des importations et une réduction des exportations.

« Il importe de relever que ce taux moyen de dépréciation occulte les nombreuses. Phases d'appréciation monétaire et de stabilité qui marquent le comportement du cours de change depuis janvier 2007 ; cette évolution, largement perceptible, a été un puissant facteur d'amélioration de l'environnement économique et financier en contribuant à casser les anticipations inflationnistes des agents économiques ».[20]

---

[18] Circulaire n°282 de la BCC du 05 mars 1999 concernant l'exportation et l'importation physique des billets de banque libellés en monnaie étrangères et transport de fonds sur le territoire national.
[19] Instruction administrative n°007 du 13 juillet 2003 portant réglementation de l'activité des bureaux de change.
[20] Banque centrale du Congo, op.cit, p.138.

Parler de la stabilité du taux de change renvoie à parler du régime de change et de la problématique de la constitution des réserves de changes.

« L'histoire passée de la RDC a été émaillée par des expériences de change qui ont eu pour conséquence l'épuisement des réserves en devises. En effet, pour pallier aux déséquilibres de la balance de paiement et endiguer les fortes dépréciations monétaires, la banque centrale était conduite à réaliser des ventes massives des devises.

D'autre part, l'expansion récurrente des dépenses publiques était satisfaite dans une large mesure par l'utilisation des devises.

« Le marché des changes est organisé en RDC par une convention liant les banques commerciales et la BCC. » (21) Il convient cependant d'avoir une acceptation large du marché des changes comme étant l'offre et la demande des monnaies étrangères à un moment donné.

Cette offre et demande influencent le cours d'échange des monnaies étrangères contre la monnaie nationale et somme la BCC à intervenir lorsque les fluctuations sont importantes. Pour ce faire, la BCC procède à l'adjudication des monnaies étrangères. Elle lance des appels d'offre sur les achats ou les ventes des devises pour équilibrer la demande et l'offre de la monnaie nationale aux côtés des monnaies étrangères. A ce stade, la politique de change vise à réduire au maximum les écarts entre le taux de change indicatif et le taux de change parallèle.

« Pour permettre la BCC d'intervenir sur le marché des changes, l'Etat a mis sa disposition des réserves en monnaies étrangères que cette institution doit fructifier. Lorsque ces réserves sont insuffisantes, l'Etat Congolais peut user de son droit de tirage sur le Fonds Monétaire International ou solliciter un appui financier de cette institution. Cette situation est souvent récurrente en RDC compte tenu

---

[21] Cette convention figure dans le recueil des textes législatifs et réglementaires en matière de monnaie, de change, de crédit, de surveillance des intermédiaires financières, de lutte contre le blanchissement des capitaux et de financement de terrorisme, in J.O, n° spécial du 20 janvier 2010, pp 181 - 187

de la faiblesse des réserves de change estimée à un million de dollars américains » [(22)] et de la fréquence des crises de change et fluctuation de la balance de paiement.

A ce niveau, il importe de considérer l'intervention de la BCC à travers ses différents instruments dans l'économie Congolaise et de voir leur efficacité. Dans le cas contraire, envisager quelques pistes de solution pour une meilleure croissance et une stabilité économique.

3.15. Intervention de la BCC dans la maitrise de la base monétaire

« Pour éviter l'inflation, la BCC doit veiller à la base monétaire qui est composée de la circulation fiduciaire (principale composante environ 65% de la masse monétaire) » [(23)], des dépôts en banques commerciales et des autres dépôts (les dépôts dans les institutions financières non bancaires). Elle surveille aussi l'évolution de l'offre de la monnaie nationale par rapport aux monnaies étrangères. Elle agit en injectant ou en ponctionnant la liquidité des devises sur le marché de change.

Ainsi l'étude de l'action de la BCC en rapport avec les instruments relatifs à la maîtrise de l'inflation sera basée sur l'adjudication des billets de trésorerie (BTR) et la sauvegarde du pouvoir d'achat (1) d'une part, et la gestion de la liquidité et perspectives d'autre part (2). L'examen couvre la période allant de 2007 à 2010. En outre, une évaluation des interventions de la BCC démontre le taux et le niveau de l'inflation, et du niveau des ponctions faites sur la liquidité au moyen de la vente des billets de trésorerie pour une meilleure issue, et envisager les solutions durables à la sauvegarde du pouvoir d'achat de la monnaie nationale.

3.15.1. L'adjudication des BTR et la sauvegarde du pouvoir d'achat : régulation de la liquidité

Parmi les trois instruments en la disposition de la BCC, le billet de trésorerie (BTR) permettent de réguler la liquidité à très court terme et

---

[22] Banque Centrale du Congo, Rapport annuel 2009

[23] La masse monétaire est composée de la base monétaire plus les provisions pour importations et les dépôts en devise.

de répondre particulièrement à des chocs permanents sur la liquidité bancaire. C'est pour cette raison qu'il intéresse cette étude. C'est un instrument que la BCC utilise souvent par rapport aux autres parce qu'il a l'avantage de s'effectuer à court et à long terme. Il facilite la lutte contre les chocs ponctuels. C'est durant ces années que la BCC a fortement reconnu à cet instrument. Une comparaison est faite entre l'évolution de la base monétaire et le volume de l'encours des BTR.

Ce qui conduit à examiner les fluctuations du taux d'inflation pour ressortir les effets de la politique monétaire menée par la BCC par l'adjudication des BTR qui est la vente des billets de trésorerie aux banques commerciales pour augmenter ou diminuer le volume de la base monétaire. La base monétaire, formée essentiellement de la monnaie fiduciaire, ne doit pas être insuffisante à la consommation. C'est-à-dire que le consommateur de la monnaie doit en avoir suffisamment pour se procurer les biens et services dont il a besoin. En cas de diminution de la base monétaire, les prix intérieurs auront tendance à augmenter. Ce qui serait une source d'inflation. Dans ce cas, le consommateur perdra confiance en la monnaie fiduciaire (monnaie nationale).

La politique de change que la BCC s'est assignée a deux objectifs principaux : lisser les variations des cours de change et améliorer le niveau des réserves internationales. Il s'agit de sauvegarder le pouvoir d'achat de la monnaie nationale, d'encadrer son comportement face aux monnaies étrangères en injectant ou en ponctionnant sur la liquidité.

« En 2007, la politique monétaire mise en œuvre se voulait prudente et restrictive en raison du maintien des taux d'intérêt réels (taux directeur). » [(24)] Ces taux sont créditeurs lorsqu'ils servent à rémunérer les BTR. La BCC a modifié ces taux quatre fois au cours de cette année.

---

[24] Les taux directeurs sont les taux d'intérêt au jour le jour fixés par la banque centrale, et qui permettent de réguler l'activité économique. Ils déterminent le coût pour les banques commerciales à se refinancer auprès de la banque centrale.

« Ce taux est passé de 40 à 50% au mois de février ; il est revenu à 40% au mois d'avril en passant à 30% au mois de mai pour enfin se stabiliser à 22,5% au mois de juillet. Ce taux est resté inchangé jusqu'à la fin de l'année. Les souscriptions au BTR se sont élevées à 461 milliards de CDF au 31 décembre. » (25) La ponction en liquidité de cet instrument a été de 151,1%. Ce taux est allé de 388,4 milliard de CDF en janvier pour atteindre 461,1 en décembre. Le taux d'inflation annuel étant de 9,9%, il a connu cinq phases d'inflation dont les plus fortes au mois de janvier et février (respectivement de 23,6 et 25,5), et d'août (10,0), qui d'ailleurs est restée ainsi jusqu'à la fin de l'année.

« Les périodes inflationnistes résultent de l'augmentation du prix du carburant et les produits alimentaires ce qui a entraîné une augmentation des prix du transport. » (26) La monnaie nationale se verra fortement dépréciée au début de l'année. Une situation qui tire ses sources à la préférence des agents économiques à détenir les devises par rapport à la monnaie nationale. La stratégie de la BCC a consisté à étendre et à approfondir les marchés de change par l'acceptation des CDF au titre de paiement par les opérateurs miniers, d'impôts et de taxe. L'intervention de la BCC sur le marché est de 5,6% suite aux achats de devises, effectués par elle, pour un montant de 66,9 millions d'USD. C'était d'ailleurs la seule intervention de l'année.

L'année suivante, 2008, la BCC n'a pas changé les objectifs et les instruments de sa politique monétaire. Cette année a connu quatre phases d'inflation de janvier à mars qui est allée croissante. Cette poussée trouve son origine dans le financement monétaire du défit budgétaire de la fin de 2007 et à la reprise des hostilités à l'Est du pays. La BCC étant caissier de l'Etat est chargée de la mise en œuvre de la politique monétaire, devait agir pour éviter une hausse dans la formation des prix intérieurs. La crise alimentaire et énergétique a

[25] Rapport annuel de la BCC 2007
[26] Rapport annuel de la BCC 2007

causé une surchauffe des prix des produits finis au cours des mois de mars jusque juillet.

Sur le marché international, le prix du baril est passé de 147 USD en juillet pour 65,3 USD en octobre, induisant ainsi une réduction à la baisse des produits pétroliers. D'octobre à décembre, un relâchement dans la politique monétaire et budgétaire causé par les dépenses sécuritaires suite à la reprise des conflits armés à l'Ets du pays, a fait resurgir les pressions inflationnistes, d'où la dépréciation monétaire marquée par forte dollarisation du marché en 2008. Le taux directeur subira ainsi 3 ajustements ; en janvier (24,6%), en juin (30%) et en décembre (40%). Le taux d'inflation annuel s'est soldé à 27,5%. L'adjudication des BTR s'est élevée 1.444,0 milliards de CDF.

« Soit une augmentation de 16% parce qu'il fallait faire face aux effets décalés des chocs budgétaires et à l'inflation par les coûts » ([27]) « tenant à la hausse des prix sur le plan international. »([28]) Suite à la reprise des conflits armés à l'Est du pays, la situation nécessitant une disponibilité des moyens financiers, la BCC n'a pas pu intervenir sur les fluctuations des taux de change pour essayer d'influer sur la liquidité. Le marché de change a été animé seulement par les banques et les bureaux de change.

Les dépassements des objectifs budgétaires de 2008 a conduit à une situation monétaire marquée par les tensions en rapport avec la liquidité en 2009. La politique monétaire a été restrictive en vue de faire face aux pressions sur la liquidité et le niveau général des prix. Le taux directeur a été révélé passant de 40 à 55 et 56% au mois de janvier, pour une dernière réforme au mois d'octobre. La régulation de la liquidité effectuée au mois de février, principalement par les opérations d'adjudication de BTR (2.395,7 milliards de CDF) a maintenu les taux stables jusqu'en juillet.

---

[27] L'inflation par les coûts se caractérise par l'augmentation d'un produit entraînant les autres. Exemple : le prix du carburant qui agit sur le prix de transport.

[28] Rapport de la BCC 2008.

En réaction à l'expansion de la liquidité bancaire, aux tensions inflationnistes, induites par la détérioration de la situation financière du secteur public, et aussi et surtout à la crise financière internationale, la BCC a procédé à un nouveau resserrement de sa politique pour fixer le taux d'inflation à 53,4% et le taux directeur à 70% vers la fin de l'année. Pour renforcer l'action de la politique monétaire, la BCC a recouru à la politique de change via les cessions des devises. Les effets décalés du déficit budgétaire et la crise financière ont causé une forte dépréciation de la monnaie nationale au premier trimestre. La BCC est intervenue par les ventes des devises pour améliorer le taux de change sur le marché. Environ 48 millions d'USD ont été vendus au deuxième trimestre. Une autre vente par adjudication est intervenue au mois de juin sans empêcher une dépréciation due à la réapparition des déficits budgétaires. Les dépassements budgétaires de 2008 causés par les dépenses excessives du gouvernement pour essayer de lutter contre les conflits à l'Est du pays, ont influencé l'économie. La BCC n'a pas pu maîtriser les chocs inflationnistes malgré toutes ses interventions.

« La formation des prix intérieurs est allée croissante durant toute l'année. Une dernière ponction au mois de décembre va entraîner un ralentissement du rythme de l'expansion de la liquidité. » ([29]) « L'année 2010 est restée caractérisée par une tendance déflationniste. Le taux directeur a été graduellement réajusté pour se situer à 22% en fin décembre. Le taux de l'inflation s'est situé à 9,8% sur une base monétaire croissante de 29%. Le volume de BTR a atteint 3.512,1 milliards de CDF. Sur les achats de 1.159,8 millions de USD et les ventes de 1.053 millions de USD, la BCC est intervenue par une cession de 10,0 millions de USD en janvier et des achats de 157,0 millions de USD entre mars et août pour lutter contre les tensions observées sur le marché après les festivités de fin d'année. Le début et la fin de l'année ont connu des dépréciations tandis que le cours de l'année était stable. » ([30]) Il se pose alors la question de savoir

[29] Rapport annuel 2009
[30] Rapport annuel 2010

pourquoi la BCC n'arrive-t-elle pas à faire face aux chocs, endogènes et exogènes qui sont la source d'inflation.

La banque centrale du Congo réalise des enchères des billets de trésorerie dans le cadre de la régulation à très court terme de la liquidité bancaire. Le billet de trésorerie est un titre de créance négociable émis par l'Institut d'Emission. Les opérations sur titre se sont régies par l'institution n°20 de la BCC.

Les BTR sont dématérialisés. Les opérations se déroulent à une fréquence hebdomadaire et les titres ad hoc sont émis pour deux maturités : 7 et 28 jours. Les adjudications des BTR ont été remises en place au début du mois d'août 2015 en vue de conférer une plus grande souplesse à la politique monétaire et de donner davantage l'initiative à la banque centrale. Elles ont permis de renforcer la régulation de la liquidité.

Dans sa régulation à très court terme de la liquidité des banques, la BCC recourt à l'adjudication des BTR, c'est-à-dire la cession des billets de trésorerie dans des conditions concurrentielles. Les billets de trésorerie dont des titres de créance négociables sur le marché monétaire et émis par la Banque Centrale. Les billets de trésorerie sont des titres décentralisés et sont tenus en compte titres BTR dans les livres de la Banques Centrale du Congo.

Les billets de trésorerie sont sensibles à l'attraction monétaire. Leurs détenteurs peuvent les revendre à d'autres, formant ainsi un marché secondaire des BTR.

3.15.2. Gestion de la liquidité et perspectives pour l'efficacité de la politique monétaire

« La BCC a un cadre de pilotage qui lui permet de disposer à temps utiles des indications sur l'évolution de ses repères essentiels quant à la conduite de la politique monétaire et au suivi régulier de la conjoncture » ([31]). Elle vise à mieux faire connaître les canaux de transmission de la politique monétaire, la nature des chocs et leur répercussion sur les différents objectifs ainsi que les ajustements à opérer dans la manipulation des instruments appropriés pour rechercher et préserver la stabilité des prix.

« Il existe une relation indéniable entre la monnaie, le prix et l'intérêt. L'offre et la demande de la monnaie déterminent conjointement le niveau des prix dont les variations se traduisent par le taux d'inflation, lequel à son tour influence le taux d'intérêt normal. » (Bayard, 2006)

Au cours de la période sous examen, les réalisations de la base monétaire ont été évolutives, de même que le comportement des instruments de politique monétaire et budgétaire. Les taux d'inflation sont très variables trouvant leurs sources aux chocs endogènes et exogènes. Les fluctuations connues sont remarquables au mois de janvier et septembre. Les causes majeures ont été les effets décalés du déficit budgétaire, les conflits armés, la crise financière et économique internationale, la hausse de prix à l'échelle internationale. Comme pour dire les mêmes causes produisent toujours les mêmes effets.

« L'intervention de la BCC à travers ses instruments est jugée faible et parfois inexistante (2008). Avec son cadre de pilotage, la BCC peut bien étudier les causes des chocs perçus sur la liquidité et agir en prévention, au lieu de subir les effets des causes connues et qui sont susceptibles de correction pour une meilleure efficacité des politiques monétaires menées par elle. Le rôle des facteurs de la politique monétaire, notamment l'encours du BTR a été négligé au début de son lancement (2007), mais après l'expérimentation des avantages qu'il offre sur la régulation de la liquidité, la BCC a sensibilisé les agents économiques, particulièrement les banques, dans l'utilisation de cet instrument. Les interventions sur les achats et les ventes des devises doivent agir en prévention et non en correction. La

[31] Rapport annuel 2009, pg19

prévention agit mieux. Il s'agit d'intervenir avant de ressentir les effets de l'augmentation de la demande. » (Ballier et Mahon, 1997)

« La politique économique congolaise a dû faire face à des chocs permanents de liquidité liés au déficit du secteur public. Cette situation est revenue durant toute la période en étude, et dans les écarts entre septembre et novembre, pour se joindre aux festivités de fin d'année qui causent une inflation constante. Les déficits budgétaires occasionnés par les dépenses du gouvernement causent une diminution sur la quantité de monnaies en circulation. La BCC, exerçant les fonctions de caissier de l'Etat, dépense plus que ce qu'elle encaisse. » (Kabuya et Matata, 2000)

Cette situation crée des chocs qui se sont traduits par l'excès des moyens de paiement dans l'économie et des perturbations sur les principaux marchés. Dans ce contexte, la BCC durcit sa politique monétaire avec la hausse du taux directeur et le maintien du coefficient des réserves obligatoires en vue d'atténuer l'expansion de la base monétaire.

La politique de change s'assouplit de plus en plus sans avoir l'effet de sauvegarder le pouvoir d'achat de la monnaie nationale. Les agents économiques et les résidents préfèrent lier leurs transactions en devises qu'en monnaie locale qui se déprécie à perte de vue. Les épargnes et encaisses se dénouent en monnaies étrangères malgré les stratégies de la BCC pour inciter l'utilisation de la monnaie nationale et son intervention ponctuelle sur le marché des changes, intervention jugée par ailleurs inefficace

3.16. Conclusion partielle

Il est vrai que les multiples désarticulations qui caractérisent le fonctionnement de l'économie congolaise exigent de profondes réformes structurelles. De l'avis de certains analystes intéressés à cette question, les réformes monétaires et économiques devraient encore se poursuivre. Cette poursuite va dépendre du courage et de la volonté politique axée sur une politique économique et monétaire efficace, capable de relancer l'économie réelle. Pour que la redynamisation de l'activité économique soit une réalité, les efforts de la politique économique doivent être orientés dans le but de renforcer la politique monétaire de la banque centrale dans le financement de l'économie nationale à travers le système bancaire. Car celle-ci est une nécessité préalable en vue d'amener le chômage, l'inflation, le produit intérieur brut, les revenus de la population dans une fourchette raisonnable et acceptable.

La diversification et l'extension de l'économie congolaise doivent porter sur l'investissement dans le secteur agricole proprement dit, la relance de l'élevage et la pêche, les exploitations forestières et minières ; ceci aura comme conséquence la déconcentration de l'activité économique à la seule ville-province de Kinshasa et la province du Katanga dans son ancienne configuration. Cette trajectoire macroéconomique pourra stimuler finalement l'amélioration des conditions de vie de la population congolaise et donc le développement économique du pays.

Les interventions de la BCC connaissent une remarquable avancée mais leurs effets sur les différents secteurs d'actions ne sont pas visibles. Les taux de change fluctuent au gré des chocs transitoires habituels, qui renforcent les convictions des opérateurs économiques sur la confiance octroyée à la monnaie nationale. Cela entraîne une surliquidité de la monnaie nationale impliquant une augmentation de la demande des devises qui entraîne l'inflation (Betoine et Bassoni, 2000).

Une absence de la politique budgétaire restrictive étouffe les effets d'une bonne politique monétaire (Carare et Stone, 2004). L'avantage d'assurer son indépendance en ne subordonnant pas son action à la réaction de la politique budgétaire permet d'agir en prévention contre les chocs qui peuvent venir d'elle (HERON E. et MOUTOT, 2008). Elle présente aussi l'avantage de donner des signaux aux marchés en rassurant les agents économiques sur la capacité et la volonté de l'autorité monétaire à redresser la situation. Elle permet par ailleurs d'établir les responsabilités en dissociant les initiatives monétaires de celles budgétaires (CHAINEAU, 2000). De ce fait, la politique monétaire peut être mise en œuvre, du moins à court terme, dans n'importe quel dérapage budgétaire à partir du moment où l'autorité monétaire a le libre choix de ses instruments.

CHAPITRE 4. LES CANAUX DE TRANSMISSION DE LA POLITIQUE MONETAIRE CONGOLAISE

4.1. Introduction

Ce chapitre porte sur la compréhension de la réalisation du dispositif monétaire congolais.

La connaissance des mécanismes par lesquels les modifications des canaux de transmission de la politique monétaire congolaise se répercutent sur l'ensemble de l'économie est essentielle pour la Banque Centrale du Congo.

Elle permet aux autorités monétaire de mieux orienter leurs actions afin d'assurer l'efficacité de la politique monétaire.

Sur le plan théorique, la politique monétaire agit sur la sphère réelle à travers le canal du taux d'intérêt, le canal de crédit ou le canal du taux de change. Son effet global résulte de la combinaison de différents canaux et de leurs importances respectives dans les mécanismes de transmission.

Pour rendre plus explicite la diffusion des décisions de la politique monétaire Congolaise à travers ces canaux de transmission dans un environnement économique complexe, ce chapitre sera consacrée exclusivement à l'analyse et au traitement des données : « une évaluation des canaux de transmission de la politique monétaire".

CRITERES ET CONDITIONS D'ANALYSE DES DONNEES

- Le coefficient de corrélation entre deux variables X et Y est un nombre compris entre -1 et 1 soit $-1 \leq r \leq 1$

NB : une corrélation peut être forte (on donne souvent pour critère $|r| \geq 0,8$ sans qu'il y ait un lien réel entre les deux variables.

- Supposons : Xi = (taux d'intérêt, taux de change et taux de crédit) → variables explicatives ou indépendantes (exogènes)

Yi = (taux d'inflation, taux de croissance) → variables expliquées ou dépendantes (endogènes)

I. Evaluation du canal de taux d'intérêt.

(Xi.Yi)	Interprétation	(Xi.Yi)	Interprétation
pour une augmentation de 1% du taux d'intérêt, on constate une augmentation de 0,50 de taux d'inflation (en moyenne)	Le coefficient de corrélation linéaire prouve qu'il y a une très faible corrélation entre le taux d'intérêt et le taux d'inflation.	Pour une augmentation de 1% de taux d'intérêt, on constate une augmentation de 0,063 de taux de croissance économique (en moyenne).	Pour une augmentation de 1% de taux d'intérêt, on constate une augmentation de 0,063 de taux de croissance économique (en moyenne)

II. Évaluation du canal du taux de change

(Xi.Yi)	Interprétation	(Xi.Yi)	Interprétation
Pour une augmentation de 1FC (1 franc congolais) de taux de change, on constate une augmentation de 0,016643 de taux d'inflation (en moyenne).	Le coefficient de corrélation prouve une faible corrélation (dépendance) entre le taux de change et le taux d'inflation.	Pour une augmentation de 1FC (1 franc congolais) de taux de change, on constate une augmentation de 0,000031 de taux de croissance économique (en moyenne), c'est-à-dire très faible dépendance.	Le coefficient de corrélation prouve une très faible corrélation (dépendance) entre le taux de change et le taux de croissance économique.

III. Evaluation du canal du taux de crédit

(Xi.Yi)	Interprétation	(Xi.Yi)	Interprétation
pour une augmentation de	Cependant le coefficient de	Pour une augmentation de	Le coefficient de corrélation

1% de taux de crédit on constate une augmentation de taux d'inflation de 0,688107768 (en moyenne).	corrélation est très forte (on donne souvent pour critère r > 0,8) sans qu'il y ait un lien réel entre les deux variables.	1% de taux de crédit, on constate une augmentation de 0,042150134 de taux de croissance économique (en moyenne).	prouve qu'il y a une dépendance entre le taux de crédit et le taux de croissance économique.
IV. Corrélation inflation-croissance économique			
(Yi1.Yi2)		Interprétation	
pour une augmentation de 1FC (1 franc congolais) de taux d'inflation, il y a une augmentation de 0,071996764 de taux de croissance.		Par contre le coefficient de corrélation r = 0,84548 est très fort (on donne souvent pour critère |r|> 0,8) sans qu'il y ait un lien réel entre les deux variables. N.B : La valeur de coefficient de corrélation est à prendre en valeur absolue, c'est-à-dire |r|> 0,84548.	

Source : Nous-mêmes sur base des résultats obtenus

4.2. Analyse des données sur les canaux de transmission

Dans cette section nous allons présenter l'évolution des principaux canaux de transmission de la politique monétaire Congolaise (le canal du taux d'intérêt, le canal du crédit et le canal du taux de change) et illustrer par la suite une estimation des paramètres du coefficient de corrélation linéaire grâce à l'application de la série statistique à deux variables. Ainsi, nous pourrions évaluer l'efficacité de ces trois canaux de transmission de la politique monétaire en les opposant aux deux variables macro-économiques, à savoir l'inflation et la croissance économique par l'application de la série statistique à deux variables choisies dans notre étude.

L'objectif ultime de cette analyse est d'arriver à montrer si les canaux de transmission de la politique monétaire durant notre période d'étude ont influé ou ont eu des retombées positives sur l'activité économique.

La connaissance des mécanismes par lesquels les modifications des canaux se répercutent sur l'ensemble de l'économie est essentielle pour une banque centrale. Elle permet aux activités monétaires de mieux orienter leurs actions afin d'en assurer leur efficacité. Sur le plan théorique, la politique monétaire agit sur la sphère réelle à travers le canal du taux d'intérêt, le canal de crédit ou le canal du taux de change. Son effet global résulte de la combinaison de différents canaux et de leurs importances respectives dans les mécanismes de transmission.

Tableau N°1 : TAUX D'INTERET DIRECTEUR/BCC (2003 – 2012)

2003	2004	2005	2006	2007	2008	2009	2010	2011	2012
8,00	14,00	28,75	40,00	22,50	40,00	70,00	22,00	20,00	4,00

Source : Banque centrale du Congo (2003-2012)

Tableau N°2 : TAUX DE CHANGE/BCC (2003 – 2012)

2003	2004	2005	2006	2007	2008	2009	2010	2011	2012
372,52	444,09	431,28	503,43	502,99	639,32	902,66	915,13	910,82	915,17

Source : banque centrale du Congo (2003-2012)

Tableau N°3 : TAUX DE CREDIT/BCC (2003 – 2012)

2003	2004	2005	2006	2007	2008	2009	2010	2011	2012
14	7	28	30	24,7	44,4	69	44,69	40,61	22,51

Source : banque centrale du Congo (2003-2012)

Tableau N°4 : TAUX D'INFLATION/BCC (2003 – 2012)

2003	2004	2005	2006	2007	2008	2009	2010	2011	2012
4,4	9,0	21,5	18,2	9,9	27,6	53,6	9,8	15,4	2,7

Source : banque centrale du Congo (2003-2012)

Tableau 5 : TAUX DE CROISSANCE ECONOMIQUE/BCC (2003 – 2012)

2003	2004	2005	2006	2007	2008	2009	2010	2011	2012
5,8	6,6	6,5	5,6	6,3	6,2	2,8	7,1	6,9	7,2

Source : banque centrale du Congo (2003-2012)

4.2.1. Le canal du taux d'intérêt

Tableau N°6 : Les deux caractères étudiés sont les taux d'intérêt directeur et le taux d'inflation de 2003 à 2012.

Année	2003	2004	2005	2006	2007	2008	2009	2010	2011	2012	**TOTAL**
Taux d'intérêt x_i	8,00	14,00	28,75	40,00	22,50	40,00	70,00	22,00	20,00	4,00	**156**
Taux d'inflation y_i	4,400	9,0	21,5	18,2	9,9	27,6	53,6	9,8	15,4	2,7	**172,1**

Source : Nous-mêmes, sur base des tableaux n°1 et n°4

Le taux moyen d'intérêt sur cette période de 10 années est :

$$\bar{X} = \frac{1}{10}\sum_{i} X_i = \frac{156}{10} = 15,6$$

Le taux moyen d'inflation est :

$$\bar{y} = \frac{1}{10}\sum_{i} y_i = \frac{172,1}{10} = 17,21$$

D'où le point moyen du nuage : G (15,6 ; 17,21)

Graphique N°1 : Taux d'inflation et taux d'intérêt

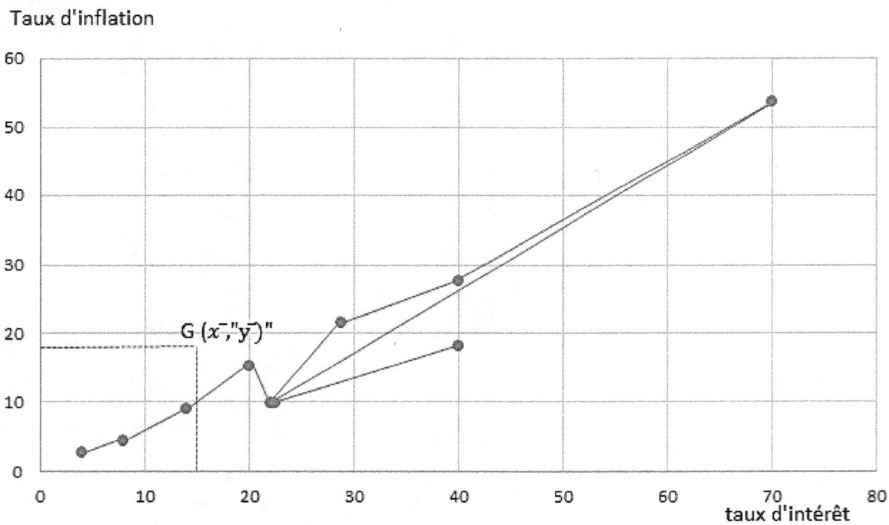

Source : Nous-mêmes, sur base du tableau n°6

Les segments joignant les points M_i n'ont aucune signification : ils indiquent l'ordre chronologique.

Tableau 7 : Dans le cas de la série double, le taux d'intérêt directeur et le taux d'inflation sont représentés dans le tableau ci-dessous.

Année	Taux d'intérêt x_i	Taux d'inflation y_i	x_i^2	x_iy_i	y_i^2
2003	8	4,4	64	35,2	19,36
2004	14	9	196	126	81
2005	28,75	21,5	826,5625	618,125	462,25
2006	40	18,2	1600	728	331,24
2007	22,5	9,9	506,25	222,75	98,01
2008	40	27,6	1600	1104	761,76
2009	70	53,6	4900	3752	2872,96
2010	22	9,8	484	215,6	96,04
2011	20	15,4	400	308	237,16
2012	4	2,7	16	10,8	7,29
TOTAL	**156**	**172,1**	**10592,8125**	**6774,475**	**4967,07**

Source : Nous-mêmes, sur base du tableau n°6

$\sum x_i = 156$; $\sum y_i = 172{,}1$; $\sum x^2{}_i = 10592{,}8125$;$\sum x_i y_i = 6774{,}475$; $\sum y^2{}_i = 4967{,}07$

D'où COV (x ; y) = $\frac{1}{n}\sum x_i y_i$ - $\left(\frac{1}{n}\sum x_i\right)\left(\frac{1}{n}\sum y_i\right)$

COV (x ; y) = $\frac{6774{,}475}{10} - \frac{156}{10} \cdot \frac{172{,}1}{10}$COV (x ; y) = 677,4475 – (15,6) (17,21)

= 677,4475 – 268,476= 408,9715

a = $\frac{n\sum x_i y_i - \sum x_i \sum y_i}{n\sum x^2{}_i - (\sum x_i)^2}$a = $\frac{10\,(6774{,}445)-(156)(172{,}1)}{10\,(10592{,}8125)-(156)^2}$

a = $\frac{67744{,}45-26847{,}6}{105928{,}125-24336}$ = $\frac{40896{,}85}{81592{,}125}$a = 0,50123526

Ainsi, l'équation réduite de la droite de régression de y en x par moindres carrés est : y – $\bar{y}$ = a (x – $\bar{x}$), c'est-à-dire $\bar{x} = 15{,}6 \; et \; \bar{y} = 17{,}21$

y – 17,21 = 0,501 (x – 15,6)

y – 17,21 = 0,501 x – 7,8156

y = 0,501x + 9,3944

Le coefficient a peut s'interpréter en variation absolue : pour une augmentation de 1% de taux d'intérêt, on constate une augmentation de 0,50 de taux d'inflation (en moyenne).

Mais dans le cas d'une série double, on aurait pu étudier la régression de x en y en considérant les points Q_i ayant la même ordonnée que M_i. On obtient l'équation réduite de la droite de régression de x en y :

$V(y) = \frac{4967{,}07}{10} - \left(\frac{172{,}1}{10}\right)^2 = 496{,}707 - 296{,}184 = 200{,}523$

$a' = \frac{COV\ (x, y)}{V\ (y)} = \frac{408{,}9715}{200{,}523} = 2{,}0395 x = a'\ (y - \bar{y}) + \bar{x}$ ou $y = \frac{1}{a'}\ (x - \bar{x}) + \bar{y}$

$\bar{y} = 17{,}21 \; et \; \bar{x} = 15{,}6$; a' = 2,0395

x = 2,0395 (y – 17,21) + 15,6x = 2,0395y – 35,1002 + 15,6

x = 2,0395y– 19,5002

Ou $y = \frac{1}{2{,}0395}(x - 15{,}6) + 17{,}21 y = 0{,}4903\ (x - 15{,}6) + 17{,}21$

y = 0,4903x + 9,561

Ce coefficient permet de mesurer la validité de l'ajustement affine et, d'une façon générale, la dépendance de deux variables. Le taux d'intérêt x_i et le taux d'inflation y_i.

COV (x,y) = 408,9715

V(x) = 81592,15 $\Rightarrow \sigma_x = \sqrt{V(x)}\sigma_x = \sqrt{81592{,}15}$ = 285,6434

V(y) = 200,523 $\Rightarrow \sigma_y = \sqrt{V(y)}\sigma_y = \sqrt{200{,}523}$ = 14,1606

$r = \frac{COV\ (x\ ,y)}{\sigma_x \sigma_y} = \frac{408{,}9715}{(285{,}6434)(14{,}1606)} r = \frac{408{,}9715}{4044{,}8819}$ = 0,101

Ce coefficient prouve une très faible corrélation entre le taux d'intérêt et le taux d'inflation. Mais peut-on dire qu'une diminution de taux d'intérêt engendre une diminution du taux d'inflation.

Tableau 8 : Dans le cas de la série double, le taux d'intérêt directeur et le taux de croissance économique de 2003 à 2012

ANNEE	2003	2004	2005	2006	2007	2008	2009	2010	2011	2012	**TOTAL**
Taux d'intérêt directeur x_i	8	14	28,75	40	22,5	40	70	22	20	4	**156**
Taux de croissance économique y_i	5,8	6,6	6,5	5,6	6,3	6,2	2,8	7,1	6,9	7,2	**61**

Source : Nous-mêmes, sur base des tableaux n°1 et n°5

Le taux moyen d'intérêt sur cette période de 10 années est :

$\bar{X} = \frac{1}{10} \sum x_i = \frac{156}{10}$ = 15,6

Le taux moyen de croissance économique est :

$\bar{y} = \frac{1}{10}\sum y_i = \frac{61}{10} = 6{,}1$D'où le point moyen du nuage

G (15,6 ; 6,1)

Graphique N°2. Taux de croissance et taux d'intérêt

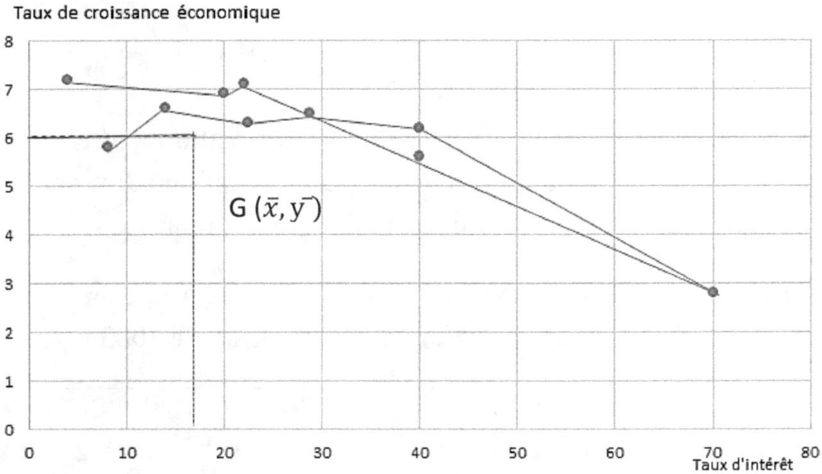

Source : Nous-mêmes, sur base du tableau n°8

Tableau 9 : Tableau d'ajustement linéaire

Année	Taux d'intérêt x_i	Taux d'inflation y_i	x_i^2	x_iy_i	y_i^2
2003	8	5,8	64	46,4	33,64
2004	14	6,6	196	92,4	43,56
2005	28,75	6,5	826,5625	186,875	42,25
2006	40	5,6	1600	224	31,36
2007	22,5	6,3	506,25	141,75	39,69
2008	40	6,2	1600	248	38,44
2009	70	2,8	4900	196	7,84
2010	22	7,1	484	156,2	50,41
2011	20	6,9	400	138	47,61
2012	4	7,2	16	28,8	51,84
TOTAL	**156**	**61**	**10492,8125**	**1458,425**	**86,64**

Source : Nous-mêmes, sur base du tableau n°8

$\sum x_i = 156$; $\sum y_i = 61$; $\sum x^2{}_i = 10492{,}81 \sum x_i y_i = 1458{,}425$; $\sum y^2{}_i = 386{,}64$

D'où COV (x ; y) = $\frac{1}{n}\sum x_i y_i - \left(\frac{1}{n}\sum x_i\right)\left(\frac{1}{n}\sum y_i\right)$

COV (x ; y) = $\frac{1458{,}425}{10} - (15{,}6)(6{,}1)$= 145,8425 – 95,16= 50,6825

a = $\frac{n\sum x_i y_i - \sum x_i \sum y_i}{n\sum x^2{}_i - (\sum x_i)^2}$ a = $\frac{10\,(1458{,}425)-(156)(61)}{10\,(10492{,}81)-(156)^2}$ a = $\frac{14584{,}25-9516}{104928{,}1-24336} = \frac{5068{,}25}{80592{,}1}$

a = 0,062887677

Ainsi, l'équation réduite de la droite de régression de y en x par moindres carrés est :

y – $\bar{y}$ = a (x – $\bar{x}$) c'est-à-dire $\bar{x}$ = 15,6 et $\bar{y}$ = 6,1 ; a = 0,0628876

y – 6,1 = 0,0628876(x – 15,6)y – 6,1 = 0,0628876x – 0,98105

y = 0,0628876x + 5,119

Le coefficient a = 0,0628876 peut s'interpréter en variation absolue ; pour une augmentation de 1% de taux d'intérêt, on constate une augmentation de 0,063 de taux de croissance économique (en moyenne).

Cherchons l'équation réduite de la droite de régression de x en y :

x = a'(y – $\bar{y}$) + $\bar{x}$ ou y = $\frac{1}{a'}$ (x – $\bar{x}$)+$\bar{y}$ avec a' = $\frac{COV\,(x,y)}{V(y)}$

V(y) = $\frac{1}{n}\sum y^2{}_i - \left(\frac{1}{n}\sum y_i\right)^2$V(y) = $\frac{1}{10} . 386{,}64 - \left(\frac{1}{10} . 61\right)^2$

= 38,664 – $(6{,}1)^2$ = 1,454

a' = $\frac{COV\,(x\,,y)}{V\,(y)} = \frac{50{,}6825}{1{,}454}$= 34,85729

a' = 34,85729 ; $\bar{x}$ = 15,6 ; $\bar{y}$ = 6,1x = 34,85729 (y – 6,1) + 15,6

$x = 34,85729y - 197,029469$ ou $y = \frac{1}{34,85729}(x - 15,6) + 6,1$

$y = 0,028688403\ (x - 15,6) + 6,1$ $y = 0,028688403x + 5,652460906$

Ce coefficient permet de mesurer la validité de l'ajustement affine et, d'une façon générale, la dépendance de deux variables. Le taux d'intérêt x_i et le taux de croissance économique y_i

$$r = \frac{COV\ (x,y)}{\sigma_x \sigma_y}$$

$COV\ (x,y) = 50,6825$; $V(x) = \frac{1}{n}\sum x^2{}_i - \left(\frac{1}{n}\sum x_i\right)^2$

$$V(x) = \frac{1}{10}\ .(10492,81) - \left[\left(\frac{1}{10}\right)(156)\right]^2 = 805,921$$

$$V(y) = \frac{1}{10}\ .(386,64) - [(6,1)]^2 = 1,454$$

$$\sigma_x = \sqrt{V(x)} = \sqrt{805,921} = 28,388 \quad \sigma_y = \sqrt{V(y)} = \sqrt{1,454} = 1,2058$$

$$r = \frac{COV\ (x,y)}{\sigma_x \sigma_y} \quad r = \frac{50,6825}{(28,388)(1,2058)} = \frac{50,6825}{34,23025} = 1,480$$

Le coefficient de corrélation $r > 1$, il y n'a aucun lien entre le taux d'intérêt directeur et le taux de croissance économique.

4.2.1. Le canal du taux de change

Tableau 10 : Dans le cas de la série double le taux de change et le taux d'inflation de 2003 à 2012/BCC

ANNEE	2003	2004	2005	2006	2007	2008	2009	2010	2011	2012	TOTAL
Taux de change x_i	372,52	444,09	431,28	503,43	502,99	639,32	902,66	915,13	910,82	915,17	6537,41
Taux de croissance économique y_i	4,4	9,0	21,5	18,2	9,9	27,6	53,6	9,8	15,4	2,7	172,1

Source : Nous-mêmes, sur base des tableaux n°2 et n°4

Le taux moyen de change sur cette période de 10 années est :

$\overline{x} = \frac{1}{10}\sum x_i = \frac{6537{,}41}{10} = 653{,}741$

Le taux moyen d'inflation sur cette période de 10 années est :

$\overline{y} = \frac{1}{10}\sum y_i = \frac{172{,}1}{10} = 17{,}21$D'où le point moyen de nuageG (653,741 ; 17,21)

Le nuage des points

Graphique N°3 : Taux d'inflation et taux de change

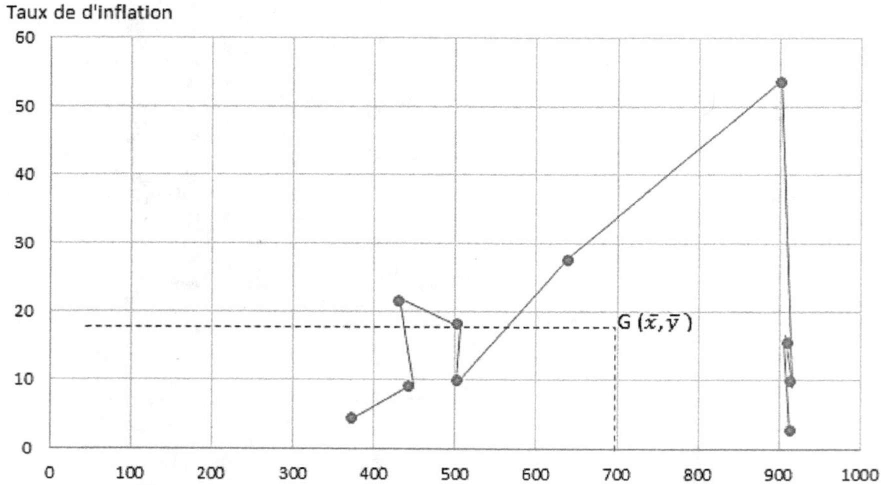

Source : Nous-mêmes, sur base du tableau n°10

Tableau 11 : Tableau d'ajustement linéaire

Année	Taux d'intérêt x_i	Taux d'inflation y_i	x_i^2	x_iy_i	y_i^2
2003	372,52	4,4	138771,150	1639,088	19,36
2004	444,09	9,0	197215,928	3996,81	81
2005	431,28	21,5	186002,438	9272,52	462,25
2006	503,43	18,2	253441,765	9162,42	331,24
2007	502,99	9,9	252998,940	4979,60	98,01
2008	639,32	27,6	408730,062	17645,23	761,76
2009	902,66	53,6	814795,075	48382,57	2872,96
2010	915,13	9,8	837462,916	8968,27	96,04
2011	910,82	15,4	829593,072	14026,63	237,16
2012	915,17	2,7	837536,128	2470,96	7,29
TOTAL	**6537,41**	**172,1**	**4756547,47**	**120544,098**	**4967,07**

Source : Nous-mêmes, sur base du tableau n°10

$\sum x_i = 6537{,}41$; $\sum y_i = 172{,}1 \sum x^2{}_i = 4756547{,}47$; $\sum x_iy_i = 120544{,}098$
$\sum y^2{}_i = 4967{,}07$

D'où $COV\ (x\ ;\ y) = \frac{1}{n}\sum x_iy_i - \left(\frac{1}{n}\sum x_i\right)\left(\frac{1}{n}\sum y_i\right)$

$COV\ (x,y) = \frac{1}{10}\ .\ 120544{,}098 - \left(\frac{6537{,}41}{10}\right)\left(\frac{172{,}1}{10}\right)$

$= 12054{,}4098 - 11250{,}88261$

$COV\ (x,y) = 803{,}52719$

$a = \frac{n\sum x_iy_i - \sum x_i \sum y_i}{n\sum x^2{}_i - (\sum x_i)^2} a = \frac{10\ (120544{,}098) - (6537{,}41)\ (172{,}1)}{10\ (4756547{,}47) - (6537{,}41)^2}$

$a = \frac{80352{,}719}{4827745{,}192} = 0{,}016643943 a = 0{,}016643943$

Ainsi, l'équation réduite de la droite de régression de y en x par moindres carrés est :

$y - \bar{y} = a\ (x - \bar{x}\ )$ c'est-à-dire $\bar{x} = 653{,}741$ et $\bar{y} = 17{,}21$; $a = 0{,}016643943$

$y - 17{,}21 = 0{,}016643943(x - 653{,}741)$
$y - 17{,}21 = 0{,}016643943x - 10{,}88082837$
$y = 0{,}016643943x + 6{,}329171625$

Le coefficient a = 0,0166439 peut s'interpréter en variation absolue ; pour une augmentation de 1FC (1 Franc congolais) de taux de change, on constate une augmentation de 0,0166439 de taux d'inflation (en moyenne).

Cherchons l'équation réduite de la droite de régression de x en y :

$x = a'(y - \bar{y}) + \bar{x}$ ou $y = \frac{1}{a'}(x - \bar{x}) + \bar{y}$ avec $a' = \frac{COV\,(x,y)}{V(y)}$

$V(y) = \frac{1}{n}\sum y^2{}_i - \left(\frac{1}{n}\sum y_i\right)^2 V(y) = \frac{1}{10}(4967{,}07) - \left(\frac{1}{10}\,.\,172{,}1\right)^2$

$= 496{,}707 - 296{,}1841 = 200{,}5229 V(y) = 200{,}5229$

$a' = \frac{COV\,(x\,,y)}{V\,(y)} = \frac{803{,}52719}{200{,}5229} = 4{,}007 a' = 4{,}007$

$\bar{x} = a'(y - \bar{y}) + \bar{x} x = 4{,}007\,(y - 17{,}21) + 653{,}741$

$x = 4{,}007y + 584{,}7777$

ou $y = \frac{1}{a'}(x - \bar{x}) + \bar{y}$

$y = \frac{1}{4{,}007}(x - 653{,}741) + 17{,}21$

$y = 0{,}24956x - 145{,}939738$

Le coefficient de corrélation permet de voir la dépendance entre le taux de change (x_i) et le taux d'inflation (y_i).

$r = \frac{COV\,(x\,,y)}{\sigma_x \sigma_y} COV\,(x,y) = 803{,}52719$

$V(x) = \frac{1}{n}\sum x^2{}_i - \left(\frac{1}{n}\sum x_i\right)^2 = 475654{,}74 - (653{,}741)^2 = 48277{,}444$

$V(x) = 482777{,}4449,\ \sigma_x = \sqrt{V(x)} = 219{,}7218$

$V(y) = 200{,}5229\ ;\ \sigma_y = \sqrt{V(y)} = 14{,}1606$

$r = \frac{COV\,(x\,,y)}{\sigma_x \sigma_y} = \frac{803{,}52719}{(219{,}7218)(14{,}1606)} = \frac{803{,}52719}{3111{,}3949} r = 0{,}25825$

Ce coefficient prouve une faible corrélation (dépendance) entre le taux de change et le taux d'inflation. Peut-on dire qu'une diminution de taux de change engendrerait une diminution de taux d'inflation ?

Tableau 12 : Dans le cas de la série double, le taux de change et le taux de croissance économique de 2003 à 2012/BCC

ANNEE	2003	2004	2005	2006	2007	2008	2009	2010	2011	2012	TOTAL
Taux de change x_i	372,52	444,09	431,28	503,43	502,99	639,32	902,66	915,13	910,82	915,17	6537,41
Taux de croissance économique y_i	5,8	6,6	6,5	5,6	6,3	6,2	2,8	7,1	6,9	7,2	61

Source : Nous-mêmes, sur base du tableau n°2 et n°5

Le taux moyen de change sur cette période de 10 années est :

$\bar{x} = \frac{1}{10}\sum x_i = \frac{6537{,}41}{10} = 653{,}741$

Le taux moyen de la croissance économique sur cette période de 10 années est :

$\bar{y} = \frac{1}{10}\sum y_i = \frac{61}{10} = 6{,}1$D'où le point moyen de nuageG (653,741 ; 6,1)

Graphique N°4 : Taux de croissance économique et taux de change

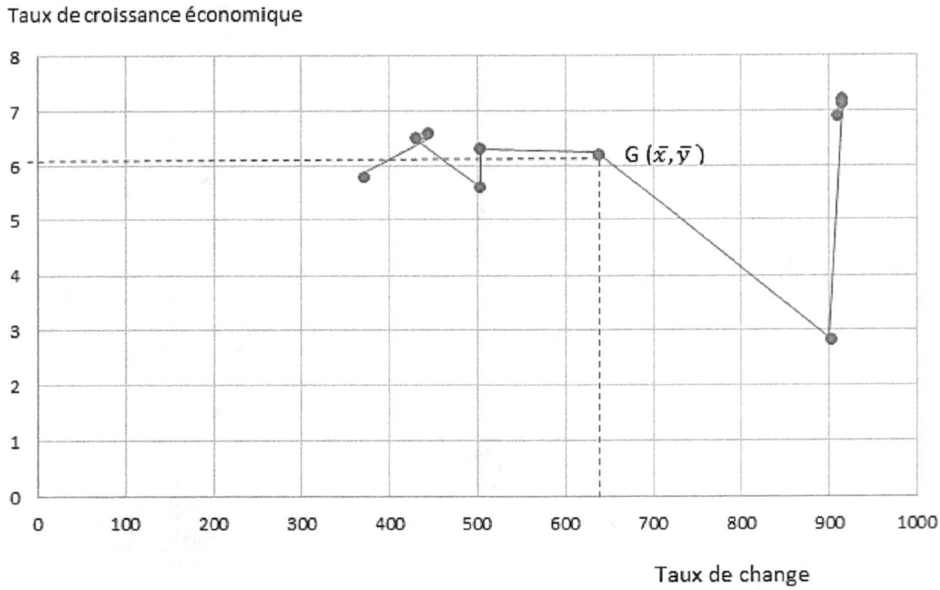

Source : Nous-mêmes, sur base du tableau n°12

Tableau 13 : Évolution corrélative du taux de change et la croissance économique

Année	Taux d'intérêt x_i	Taux d'inflation y_i	x_i^2	x_iy_i	y_i^2
2003	372,52	5,8	138771,150	2160,616	33,64
2004	444,09	6,6	197215,928	2930,994	43,56
2005	431,28	6,5	186002,438	2803,32	42,25
2006	503,43	5,6	253441,765	2819,208	31,36
2007	502,99	6,3	252998,940	3168,837	39,69
2008	639,32	6,2	408730,062	3963,784	38,44
2009	902,66	2,8	814795,075	2527,448	7,84
2010	915,13	7,1	837462,916	6497,423	50,4
2011	910,82	6,9	829593,072	6284,658	47,61
2012	915,17	7,2	837536,128	6589,224	51,84
TOTAL	**6537,41**	**61**	**4756547,47**	**39745,512**	**386,63**

Source : Nous-mêmes, sur base du tableau n°12

$\sum x_i = 6537{,}41$; $\sum y_i = 61$; $\sum y^2{}_i = 386{,}63$; $\sum x^2{}_i = 4756547{,}47$;

$\sum x_i y_i = 39745{,}512$

D'où COV (x ; y) = $\frac{1}{n}\sum x_i y_i - \left(\frac{1}{n}\sum x_i\right)\left(\frac{1}{n}\sum y_i\right)$

COV (x,y) = $\frac{1}{10} . 39745{,}512 - \left(\frac{6537{,}41}{10}\right)\left(\frac{61}{10}\right)$

= 3974,5512 – (653,741)(6,1)

= 3974,5512 – 3987,8201

COV (x,y) = – 13,2689

$a = \frac{n\sum x_i y_i - \sum x_i \sum y_i}{n\sum x^2{}_i - (\sum x_i)^2}$ $a = \frac{10\ (39745{,}512) - (6537{,}41)\ (61)}{10\ (4756547{,}47) - (6537{,}41)^2}$

$a = \frac{397455{,}12 - 398782{,}01}{47565474{,}7 - 42737729{,}51}$ $a = \frac{-1326{,}89}{-42262074{,}81} = 0{,}000031$

Ainsi, l'équation réduite de la droite de régression de y en x par moindres carrés est :

$y - \bar{y} = a\,(x - \bar{x})$ c'est-à-dire $\bar{x} = 653{,}741$ et $\bar{y} = 6{,}1$; a = 0,000031

$y - 6{,}1 = 0{,}000031(x - 653{,}741)y = 0{,}000031x + 6{,}079474685$

Le coefficient a = 0,000031 peut s'interpréter en variation absolue ; pour une augmentation de 1FC (1 Franc congolais) de taux de change, on constate une augmentation de 0,000031 de taux d'inflation (en moyenne), c'est-à-dire une très faible dépendance.

Cherchons l'équation réduite de la droite de régression de x en y :

$x = a'(y - \bar{y}) + \bar{x}$ ou $y = \frac{1}{a'}(x - \bar{x}) + \bar{y}$ avec $a' = \frac{COV\,(x,y)}{V(y)}$

$V(y) = \frac{1}{n}\sum y^2_i - \left(\frac{1}{n}\sum y_i\right)^2 V(y) = \frac{1}{10}.\,386{,}63 - (6{,}1)^2$

V(y)= 38,663 – 37,21= 1,453V(y)= 1,453

$a' = \frac{COV\,(x\,,y)}{V\,(y)} = \frac{-13{,}2689}{1{,}453} = -\,9{,}1320715$

$x = -\,9{,}132071576\,(y - 6{,}1) + 653{,}741$

$x = -\,9{,}132071576y + 709{,}4466366$

$y = \frac{1}{a'}(x - \bar{x}) + \bar{y}$

$y = \frac{1}{-\,9{,}132071576}(x - 653{,}741) + 6{,}1y = -\,0{,}109504178x + 77{,}68737$

Le coefficient de corrélation permet de voir la dépendance entre le taux de change (x_i) et le taux de la croissance économique (y_i).

$r = \frac{COV\,(x\,,y)}{\sigma_x \sigma_y}$COV (x,y) = – 13,2689

$V(x) = \frac{1}{n}\sum x^2_i - \left(\frac{1}{n}\sum x_i\right)^2$ $V(x) = \frac{1}{10} . 4756547{,}47 - (\frac{1}{10} . 6537{,}41)^2$

$V(x) = 475654{,}747 - 427377{,}2951 V(x) = 48277{,}45192$

$r = \frac{COV\ (x,y)}{\sigma_x \sigma_y}$ $V(x)=48277{,}451292$; $V(y) = 1{,}453$

$r = \frac{-13{,}2689}{\sqrt{48277{,}451292}.\sqrt{1{,}453}}$ $r = \frac{-13{,}2689}{219{,}7213x\ 1{,}2054} = \frac{-13{,}2689}{264{,}853}$

$r = -0{,}05$ $|r| = 0{,}05$

Ce coefficient prouve une très faible corrélation (dépendance) entre le taux de change et le taux de croissance économique.

4.2.2. Le canal du crédit

Tableau N°14 : Dans le cas de la série double ; le taux de crédit et le taux d'inflation de 2003 à 2012/BCC

ANNEE	2003	2004	2005	2006	2007	2008	2009	2010	2011	2012	TOTAL
Taux de crédit x_i	14	7	28	30	24,7	44,4	69	44,69	40,61	22,51	324,91
Taux de croissance économique y_i	4,4	9,0	21,5	18,2	9,9	27,6	53,6	9,8	15,4	2,7	172,1

Source : Nous-mêmes, sur base du tableau n°3 et n°4

Le taux moyen de crédit sur cette période de 10 années est : $\bar{x} = \frac{1}{10}\sum x_i = \frac{324{,}91}{10} = 32{,}491$

Le taux moyen d'inflation sur cette période de 10 années est :$\bar{y} = \frac{1}{10}\sum y_i = \frac{172,1}{10} = 17,21$

D'où le point moyen de nuage : G (32,491 ; 17,21)

Graphique N°5 : Taux d'inflation et taux de crédit

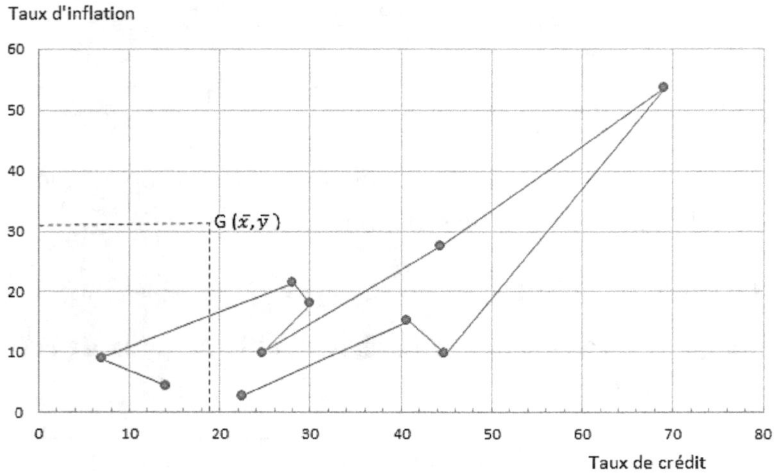

Source : Nous-mêmes, sur base du tableau n°13

Tableau N°15 : Tableau d'ajustement linéaire

Année	Taux d'intérêt x_i	Taux d'inflation y_i	x_i^2	x_iy_i	y_i^2
2003	14	4,4	196	61,6	19,36
2004	7	9	49	63	81
2005	28	21,5	784	602	462,25
2006	30	18,2	900	546	331,24
2007	24,7	9,9	610,09	244,53	98,01
2008	44,4	27,6	1971,36	1225,44	761,76
2009	69	53,6	4761	3698,4	2872,96
2010	44,69	9,8	1997,1961	437,962	96,04
2011	40,61	15,4	1649,1721	625,394	237,16
2012	22,51	2,7	506,7001	60,777	7,29
TOTAL	**324,91**	**172,1**	**13424,5183**	**7565,103**	**4547,04**

Source : Nous-mêmes, sur base du tableau n°13

$\sum x_i$ = 324,91 ; $\sum y_i$ = 172,1 ; $\sum x^2{}_i$ = 13424,5183 ; $\sum x_i y_i$ = 7565,103 ; $\sum y^2{}_i$ = 4547,04

D'où COV (x ; y) = $\frac{1}{n}\sum x_i y_i$ - $\left(\frac{1}{n}\sum x_i\right)\left(\frac{1}{n}\sum y_i\right)$

COV (x,y) = $\frac{1}{10}$ (7565,103) – (32,491)(17,21)

= 756,5103 – 559,17011

COV (x,y) = 197,34019

a = $\frac{n\sum x_i y_i - \sum x_i \sum y_i}{n\sum x^2{}_i - (\sum x_i)^2}$a = $\frac{10\ (7565{,}103) - (324{,}91)\ (172{,}1)}{10\ (13424{,}5183) - (324{,}91)^2}$

a = $\frac{75651{,}03 - 55917{,}011}{134245{,}183 - 105566{,}5081}$= $\frac{19734{,}019}{28678{,}6749}$a = 0,68810776

Ainsi, l'équation réduite de la droite de régression de y en x par moindres carrés est : y – $\bar{y}$ = a (x – $\bar{x}$) c'est-à-dire y – 17,21 = 0,688107768 (x – 32,491)

y = 0,688107768x + 5,14739519

Le coefficient a = 0,688107768 peut s'interpréter en variation absolue ; pour une augmentation de 1% de taux de crédit, on constate une augmentation de taux d'inflation de 0,688107768 (en moyenne).

Etudions maintenant la régression de x en y en considérant les points Q_i ayant la même ordonnée que M_i.

On obtient l'équation réduite de la droite de régression de x en y :

x = a'(y – $\bar{y}$) + $\bar{x}$ ou y = $\frac{1}{a'}$ (x – $\bar{x}$)+$\bar{y}$ avec a' = $\frac{COV\ (x,y)}{V(y)}$

V(y) = $\frac{1}{n}\sum y^2{}_i - \left(\frac{1}{n}\sum y_i\right)^2$V(y) = $\frac{4547{,}04}{10}$ - (17,21)^2

= 454,704 – 296,1841= 158,5199

a' = $\frac{197{,}34019}{158{,}5199}$= 1,244892219$\bar{x}$ = 32,491 ; $\bar{y}$ = 17,21 x = a'(y − $\bar{y}$) + $\bar{x}$ ou y = $\frac{1}{a'}$ (x − $\bar{x}$)+$\bar{y}$x = 1,244892219(y −17,21) +

3

x = 1,244892219y + 11,06640491

ou y = $\frac{1}{1{,}244892219}$(x – 32,491) + 17,21

y = 0,803282392x – 8,889448213

Coefficient de corrélation linéaire

$r = \frac{COV\ (x,y)}{\sigma_x \sigma_y}$COV (x,y) = 197,34019V(x) = $\frac{1}{n}\sum x^2{}_i - \left(\frac{1}{n}\sum x_i\right)^2$

V(x) = $\frac{1}{10}$ (13424,5183) – (32,491)²= 1342,45183 – 1055,665081

V(x) = 286,786749, $\sigma_x = \sqrt{V(x)}\sigma_x = 16{,}9477927$

V(y) = 286,786749, $\sigma_y = \sqrt{V(y)}\sigma_x = 12{,}59046862$

$r = \frac{COV\ (x\ ,y)}{\sigma_x \sigma_y}$

$r = \frac{197{,}34019}{(16{,}93477927)\ (12{,}59046862)}$ $r = \frac{197{,}34019}{213{,}2168069}$ = 0,925537683

La corrélation est très forte (on donne souvent pour critère r> 0,8) sans qu'il y ait un lien réel entre les deux variables.

Tableau 16 : Dans le cas de la série double le taux de crédit et le taux de croissance économique 2003 – 2012/BCC

ANNEE	2003	2004	2005	2006	2007	2008	2009	2010	2011	2012	TOTAL
Taux de crédit x_i	14	7	28	30	24,7	44,4	69	44,69	40,61	22,51	324,91
Taux de croissance économique y_i	5,8	6,6	6,5	5,6	6,3	6,2	2,8	7,1	6,9	7,2	61

Source : Nous-mêmes, sur base du tableau n°3 et n°5

Le taux moyen de crédit sur cette période de 10 années est :$\overline{x}= \frac{1}{10}\sum x_i = \frac{324,91}{10} = 32,491$

Le taux moyen de la croissance économique sur cette période de 10 années est :

$\overline{y}=\frac{1}{10}\sum y_i = \frac{61}{10} = 6,1$

D'où le point moyen de nuage G (32,491 ; 6,1)

Graphique N°6. Taux de croissance et taux de crédit

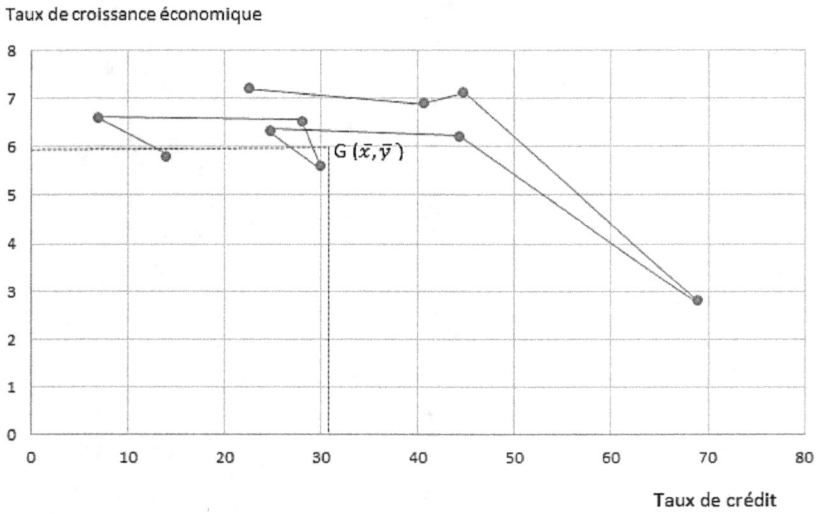

Source : Nous-mêmes, sur base du tableau n°16

Tableau 17 : Tableau d'ajustement linéaire

Année	Taux d'intérêt x_i	Taux d'inflation y_i	x_i^2	x_iy_i	y_i^2
2003	14	5,8	196	81,2	33,64
2004	7	6,6	49	46,2	43,56
2005	28	6,5	784	182	42,25
2006	30	5,6	900	168	31,36
2007	24,7	6,3	610,09	155,61	39,69
2008	44,4	6,2	1971,36	275,28	38,44
2009	69	2,8	4761	193,2	7,84

2010	44,69	7,1	1997,1961	317,299	50,4
2011	40,61	6,9	1649,1721	280,209	47,61
2012	22,51	7,2	506,7001	162,072	51,84
TOTAL	**324,91**	**61**	**13424,5183**	**1861,07**	**396,63**

Source : Nous-mêmes, sur base du tableau n°16

$\sum x_i = 324{,}91$; $\sum y_i = 61$; $\sum y^2{}_i = 386{,}63$; $\sum x^2{}_i = 13424{,}5183 \sum x_i y_i = 1861{,}07$

D'où COV (x ; y) = $\frac{1}{n}\sum x_i y_i - \left(\frac{1}{n}\sum x_i\right)\left(\frac{1}{n}\sum y_i\right)$COV (x,y) = $\frac{1861{,}07}{10} - \left(\frac{324{,}91}{10}\right)\left(\frac{61}{10}\right)$= 186,107 – 198,1951COV (x,y) = – 12,0881

$$a = \frac{10\,(1861{,}07) - (324{,}91)\,(61)}{10\,(134245{,}183) - (324{,}91)^2} = \frac{18610{,}7 - 19819{,}51}{134245{,}183 - 105566{,}5081}$$

$a = \frac{-1208{,}81}{28678{,}6749}$= – 0,042150134a = – 0,042150134

Ainsi, l'équation réduite de la droite de régression de y en x par moindres carrés est :

$y - \bar{y} = a\,(x - \bar{x}\,)$ c'est-à-dire $\bar{x} = 32{,}491$ et $\bar{y} = 6{,}1$; a = – 0,042150134

y – 6,1 = – 0,042150134 (x – 32,491)y = – 0,042150134x + 7,469500004

Le coefficient a = – 0,042150134 peut s'interpréter en variation absolue ; pour une augmentation de 1% de taux de crédit, on constate une augmentation de 0,042150134 de taux de croissance économique (en moyenne).

Cherchons l'équation réduite de la droite de régression de x en y :

$x = a'(y - \bar{y}) + \bar{x}$ ou $y = \frac{1}{a'}(x - \bar{x}) + \bar{y}$ avec a' = $\frac{COV\,(x,y)}{V(y)}$V(y) = $\frac{1}{n}\sum y^2{}_i - \left(\frac{1}{n}\sum y_i\right)^2$V(y) = $\frac{1}{10}(386{,}63) - \left(\frac{61}{10}\right)^2$= 38,663 – 37,21= 1,453V(y)= 1,453

$a' = \frac{COV\ (x,y)}{V\ (y)} = \frac{-12{,}0881}{1{,}453} = -\ 8{,}319408121 a' = -\ 8{,}319408121$

$\bar{x} = a'(y - \bar{y}) + \bar{x} x = -\ 8{,}319408121\ (y - 6{,}1) + 32{,}491$

$x = -\ 8{,}319408121 y + 83{,}23938954$ ou $y = \frac{1}{a'}(x - \bar{x}) + \bar{y}$

ou $y = \frac{1}{-\ 8{,}319408121}\ (x - 32{,}491) + 6{,}1 y = 0{,}12020085x + 10{,}0054461$

Le coefficient de corrélation permet de voir la dépendance entre le taux de crédit et le taux de la croissance économique.

COV (x,y) = – 12,0881V(y) = 1,453 ; $\sigma_y = \sqrt{V(y)}$ = 1,20540V(x) = $\frac{1}{n}\sum {x^2}_i - \left(\frac{1}{n}\sum x_i\right)^2$ V(x) = 1342,45183 – 1055,665081V(x) = 286,786749$\sigma_x = \sqrt{V(x)} = \sqrt{286{,}786749}$ = 16,947792

$r = \frac{COV\ (x,y)}{\sigma_x \sigma_y} = \frac{-12{,}0881}{(1{,}20540)(16{,}9347792)} = \frac{-12{,}0881}{20{,}41318285} = -\ 0{,}592171247$

$r = -\ 0{,}592171247$

Il faut prendre le coefficient de la corrélation en valeur absolue, r = 0,592171247.Ce coefficient prouve qu'il y a une dépendance entre le taux de crédit et le taux de croissance économique.

3.3. CONCLUSION PARTIELLE

Nous avons vu à travers ce chapitre que la banque centrale du Congo n'a pas réussi à asseoir son influence sur les variables macroéconomiques (la croissance économique et le taux d'inflation). A cause de son inefficacité opérationnelle, les mécanismes de transmission de la Banque Centrale se sont moins institutionnalisés depuis l'instauration du régime des taux de change flexible impactant fortement l'économie réelle. C'est uniquement au cours de ces applications (modification des canaux de transmissions) que les changements d'orientations de politique monétaire sont décidés.

Pour renforcer les canaux de transmission, la banque centrale du Congo a introduit plusieurs séries de modifications touchant d'une part au cadre des opérations de refinancement des banques et d'autres parts elle a rendu ses actions moins efficaces face au comportement de l'économie réelle. En effet, en rendant plus rigide sa politique monétaire axée sur le taux d'intérêt et plus flexible sa politique de change, la Banque Centrale du Congo n'a pas réussi à avoir un cadre qui semble s'adapter beaucoup plus facilement au niveau de son paysage financier et économique. Par ailleurs pour rendre ses instruments efficaces, la banque centrale du Congo doit agir sur le secteur réel et communiquer aussi avec le système bancaire Congolais.

Comme nous l'avons noté plus haut, les mécanismes de transmission pourront devenir au fil des années des instruments importants de la politique monétaire, dans la mesure où ils sont organisés de telle sorte qu'ils facilitent la corrélation entre la banque centrale et l'économie réelle.

CHAPITRE 5. LES EFFETS DE LA POLITIQUE MONETAIRE CONGOLAISE SUR L'ECONOMIE REELLE

5.1. Introduction

Il est important pour la Banque Centrale du Congo de comprendre pour des raisons d'efficacité, comment l'économie congolaise, le marché monétaire, les établissements de crédits, les entreprises et les ménages réagissent aux décisions de la politique monétaire. D'ailleurs, depuis une décennie cette problématique a suscité dans le pays un vif intérêt auprès des économistes monétaires et des praticiens qui multiplient des études comparatives sur la transmission des décisions de la politique monétaire. Or, depuis un peu plus d'une décennie, le système financier congolais a connu une restructuration, ce qui a des incidences majeures sur l'ensemble des variables macroéconomiques et des canaux traditionnels de la politique monétaire.

En effet, le changement a nourri beaucoup de débats théoriques et de travaux empiriques sur la politique monétaire face aux variables macro-économiques et sur la transmission des chocs monétaires. Récemment, la Banque Centrale du Congo a lancé une série d'études en vue d'examiner l'impact de la modification structurelle du système financier congolais sur les variables macro-économiques.

La conduite de la politique monétaire les ajustements sur les marchés de la monnaie centrale s'effectuent par les variables des taux d'intérêt, principalement le taux de prêt à court terme auprès des banques commerciales et le taux d'escompte ». Et donc, une hausse de ces taux entraîne une baisse de la masse monétaire, freine les investissements et par conséquent fait baisser la demande globale et ensuite l'inflation, le niveau d'inflation dépendra alors des tensions sur les marchés monétaires et des biens et services. Pour examiner les incidences de la politique monétaire congolaise sur les variables macro-économiques, ce chapitre s'organise en deux parties. La première partie revient sur les grandes théories de la politique monétaire sur les variables macro-économiques. La seconde partie est consacrée exclusivement à l'analyse et au traitement des données : les effets de la politique monétaire congolaise sur l'économie réelle. « Une étude corrélative entre l'inflation et la croissance économique ».

5.2. Analyse des données des effets de la politique monétaire congolaise sur l'économie réelle

Dans cette section un effort est fourni pour comprendre dans un premier temps comment l'analyse statistique et les résultats trouvés nous permettront de dégager les incidences de la politique monétaire congolaise sur les variables macro-économiques.

Le traitement des données nous permettra d'établir une série statistique à deux variables qui va représenter l'évolution des taux d'inflation et des taux de croissance économique en République démocratique du Congo. Ainsi, cette analyse mathématique a pour but de mettre en évidence des relations de causalité entre variables.

La statistique mathématique est toutefois une technique d'analyse globale dont les cas particuliers sont la régression, l'analyse de variance. Cette dernière permet aussi de faire la distinction entre variables observées ou expliquées et variables explicatives. Ainsi elle nécessite que le chercheur s'approche sur un cadre théorique rigoureux. Ce cadre théorique permet au chercheur de définir des relations logiques et justifiées du point de vue de la théorie sous-jacente.

Par ailleurs, dans un modèle de statistique mathématique, on distingue habituellement les variables exogènes des variables endogènes au modèle statistique mathématique.

- Une variable exogène ou construite exogène n'est influencée par aucune des variables inclues dans l'analyse. Les variables exogènes exercent leur influence sur une ou plusieurs variables endogènes.

- Une variable endogène est contrairement à une variable exogène influencée par un autre variable du modèle statistique mathématique.

Eu égard de ce qui précède, nous allons passer par la série statistique a deux variables, la première présentant l'évolution de taux d'influence globale et la seconde l'évolution de la croissance économique à partir de l'année 2008 jusqu'à l'année 2012.

Tableau 18 : TAUX D'INFLATION/BCC (2003 – 2012)

2003	2004	2005	2006	2007	2008	2009	2010	2011	2012
4,4	9,0	21,5	18,2	9,9	27,6	53,6	9,8	15,4	2,7

Source : Banque Centrale du Congo (2003-2012)

Tableau 19 : TAUX DE CROISSANCE ECONOMIQUE/BCC (2003 – 2012)

2003	2004	2005	2006	2007	2008	2009	2010	2011	2012
5,8	6,6	6,5	5,6	6,3	6,2	2,8	7,1	6,9	7,2

Source : Banque Centrale du Congo (2003-2012)

Les deux caractères étudiés sont le taux d'inflation (x_i) et le taux de croissance économique (y_i).

Tableau 20 : Présentation combinée

ANNEE	2003	2004	2005	2006	2007	2008	2009	2010	2011	2012	TOTAL
Taux d'inflation x_i	4,4	9	21,5	18,2	9,9	27,6	53,6	9,8	15,4	2,7	172,1
Taux de croissance économique y_i	5,8	6,6	6,5	5,6	6,3	6,2	2,8	7,1	6,9	7,2	61

Source : Nous-mêmes, sur base des tableaux n°19 et n°20

$\overline{x} = \frac{\sum x_i}{10} = \frac{172,1}{10} = 17,21$

$\overline{y} = \frac{1}{10}\sum y_i = \frac{61}{10} = 6,1$

Le taux moyen d'inflation est 17,21 et le taux de la croissance économique est 6,1.

Tableau 21 : Tableau d'ajustement linéaire

Année	Taux d'intérêt x_i	Taux d'inflation y_i	x_i^2	x_iy_i	y_i^2
2003	4,4	5,8	19,36	25,52	33,64
2004	9	6,6	81	59,4	43,56
2005	21,5	6,5	462,25	139,75	42,25
2006	18,2	5,6	331,24	101,92	31,36
2007	9,9	6,3	98,01	62,37	39,69
2008	27,6	6,2	761,76	171,12	38,44
2009	53,6	2,8	2872,96	150,08	7,84
2010	9,8	7,1	96,04	69,58	50,41
2011	15,4	6,9	237,16	106,26	47,61
2012	2,7	7,2	7,29	19,44	51,84
TOTAL	**172,1**	**61**	**4967,07**	**905,44**	**386,64**

Source : Nous-mêmes, sur base du tableau n°20

$\sum x_i = 172,1$; $\sum y_i = 61$; $\sum x^2{}_i = 4967,07$; $\sum x_iy_i = 905,44$; $\sum y^2{}_i = 386,64$

$\text{COV}(x ; y) = \frac{1}{n}\sum x_iy_i - \left(\frac{1}{n}\sum x_i\right)\left(\frac{1}{n}\sum y_i\right)$

$\text{COV}(x,y) = \frac{1}{10}(905,44) - \left(\frac{1}{10}.172,1\right)\left(\frac{1}{10}.61\right)$

$= 90,544 - 104,981$

$\text{COV}(x,y) = -14,437$

Graphique N°7 ***: taux de croissance et taux 'inflation***

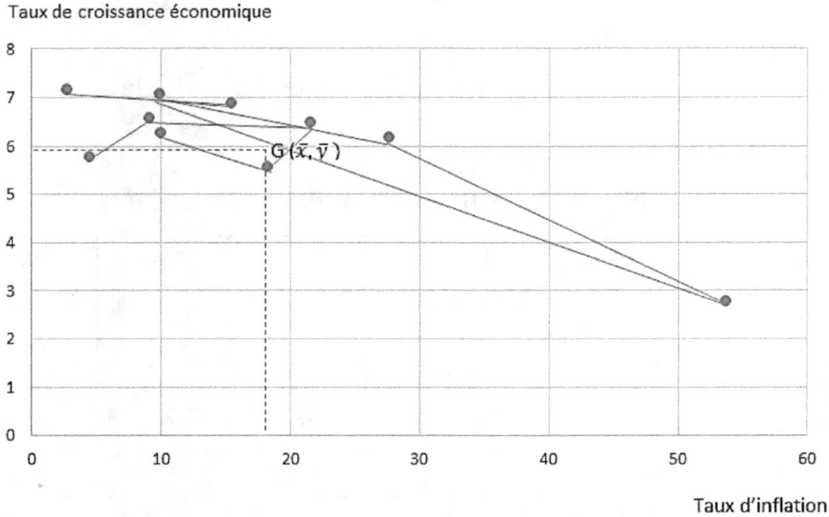

Source : Nous-mêmes, sur base du tableau n°20

$r = \frac{n\sum x_i y_i - \sum x_i \sum y_i}{n\sum x^2_i - (\sum x_i)^2} r = \frac{10\ (905{,}44) - (172{,}1)\ (61)}{10\ (4967{,}07) - (172{,}1)^2}$

$r = \frac{9054{,}4 - 10498{,}1}{49670{,}7 - 29618{,}41} = \frac{1443{,}7}{20052{,}29} r = 0{,}071996764$

Ainsi, l'équation réduite de la droite de régression de y en x par moindres carrés est :

$y - \bar{y} = a\ (x - \bar{x}\ )$ c'est-à-dire $\bar{x} = 17{,}21$ et $\bar{y} = 6{,}1$; $a = 0{,}071996764$

$y - 6{,}1 = 0{,}071996764\ (x - 17{,}21)$

$y = 0{,}071996764x + 4{,}860935684$

Le coefficient r = 0,071996764 peut s'interpréter en variation absolue ; pour une augmentation de 1FC (Franc congolais) de taux d'inflation, il y a une augmentation de 0,071996764 de taux de croissance économique (en moyenne).

Cherchons l'équation réduite de la droite de régression de x en y :

x = a'(y – $\bar{y}$) + $\bar{x}$ ou y = $\frac{1}{a'}$ (x – $\bar{x}$)+$\bar{y}$ avec a' = $\frac{COV\ (x,y)}{V(y)}$

V(y) = $\frac{1}{n}\sum y^2{}_i - \left(\frac{1}{n}\sum y_i\right)^2$V(y) = $\frac{1}{10}$(386,64) - $\left(\frac{1}{10}.61\right)^2$

= 38,664 – 37,21= 1,454V(y)= 1,454

a' = $\frac{COV\ (x\ ,y)}{V\ (y)}$ = $\frac{-14{,}437}{1{,}454}$ = – 9,9291609

a' = – 8,31940812 ; $\bar{x}$ = 17,21 ; $\bar{y}$ = 6,1x = – 9,9291609 (y – 6,1) + 17,21

x = – 9,9291609y + 77,77788ou y = $\frac{1}{-\ 9{,}9291609}$ (x – 17,21) + 6,1

y = – 0,100713445x + 7833278388

Le coefficient de corrélation permet de mesurer la validité de l'ajustement affine et, d'une façon générale la dépendance de deux variables, le taux d'inflation x_i et le taux de croissance économique y_i.

$r = \frac{COV\ (x\ ,y)}{\sigma_x \sigma_y}$; COV (x,y) = – 14,437V(y) = 1,454 ; $\sigma_y = \sqrt{V(y)}$ = 1,20581922

V(x) = $\frac{1}{n}\sum x^2{}_i - \left(\frac{1}{n}\sum x_i\right)^2$ V(x) = 496,707 – (17,21)²V(x) = 496,707 – 296,184 = 200,523

$\sigma_x = \sqrt{V(x)} = \sqrt{200{,}523}$ = 14,16061439

$r = \frac{COV\ (x\ ,y)}{\sigma_x \sigma_y} = \frac{-14{,}437}{(1{,}20581922)(14{,}160661439)} = \frac{-14{,}437}{17{,}07541}$ = – 0,8454822

V = – 0,592171247

Le coefficient de corrélation r = 0,84548 est très forte (on donne souvent pour critère | r|> 0,8) sans qu'il y ait un lien réel entre les deux variables.

N.B : La valeur de coefficient de corrélation est à prendre en valeur absolue, c'est-à-dire $| r| > 0,84548$.

5.3. Commentaires sur les résultats

En nous appuyant sur nos résultats, nous pensons que, les impulsions de la politique monétaire congolaise n'exercent que des effets limités sur l'activité réelle.

1) L'examen des variables macro-économiques à travers le canal du taux d'intérêt confirme que : pour une augmentation de 1% du taux d'intérêt, on constate une augmentation de 0,50 de taux d'inflation (en moyenne). Le coefficient de corrélation linéaire ne prouve qu'une très faible corrélation entre le taux d'intérêt et le taux d'inflation. Mais, peut-on dire qu'une diminution de taux d'intérêt engendre une diminution de taux d'inflation ?

- Pour une augmentation de 1% de taux d'intérêt, on constate une augmentation de 0,063 de taux de croissance économique (en moyenne).

Le coefficient de corrélation, montre qu'il y a un lien très faible entre le taux d'intérêt directeur et le taux de croissance économique.

2) L'analyse des variables macro-économiques à travers le canal de taux de change confirme que :

- Pour une augmentation de 1FC (1 franc congolais) de taux de change, on constate une augmentation de 0,016643 de taux d'inflation (en moyenne).

Le coefficient de corrélation prouve une faible corrélation (dépendance) entre le taux de change et le taux d'inflation. Peut-on dire qu'une diminution de taux de change engendrerait une diminution de taux d'inflation ?

- Pour une augmentation de 1FC (1 franc congolais) de taux de change, on constate une augmentation de 0,000031 de taux de croissance économique (en moyenne), c'est-à-dire une très faible dépendance.

Le coefficient de corrélation prouve une très faible corrélation (dépendance) entre le taux de change et le taux de croissance économique.

3) L'analyse de la sphère réelle de l'économie congolaise (variables macro-économiques) à travers le canal du taux de crédit nous montre que pour une augmentation de 1% de taux de crédit, on constate une augmentation de taux d'inflation de 0,688107768 (en moyenne).

Cependant le coefficient de corrélation est très forte (on donne souvent pour critère $r > 0{,}8$) sans qu'il y ait un lien réel entre les deux variables.

- Pour une augmentation de 1% de taux de crédit, on constate une augmentation de 0,042150134 de taux de croissance économique (en moyenne).

Le coefficient de corrélation prouve qu'il y a une dépendance entre le taux de crédit et le taux de croissance économique.

4) L'incidence de la politique monétaire congolaise sur les variables macro-économiques (secteur réel) nous offre une illustration selon laquelle : pour une augmentation de 1FC (1 franc congolais) de taux d'inflation, il y a une augmentation de 0,071996764 de taux de croissance.

Par contre, le coefficient de corrélation $r = 0{,}84548$ est très fort (on donne souvent pour critère $|r|> 0{,}8$) sans qu'il y ait un lien réel entre les deux variables.
La valeur de coefficient de corrélation est à prendre en valeur absolue, c'est-à-dire $|r|> 0{,}84548$.

Quelques facteurs explicatifs de l'impulsion de la politique monétaire congolaise :

- Un ralentissement de l'inflation a été constaté après l'application de la politique monétaire restrictive au début de l'année 2012 ;
- Amélioration de l'offre des devises et l'appréciation du taux de change, suite à l'augmentation des exportations des produits miniers;
- Accalmie sur les principaux marchés et amélioration de la marge du taux directeur ;
- Le ralentissement de l'inflation et la stabilité sur le marché de change ;
- Poursuite de la stabilité sur les différents marchés ;
- Remontée de la marge de positivité du taux directeur ;
- Le maintien du niveau d'inflation à des niveaux bas, une croissance hebdomadaire autour de 0,04% ;
- Appréciation de la monnaie nationale sur le marché de change ;
- Le maintien de l'inflation et la prolongation de la tendance situant le taux en deçà de la cible ;
- La maîtrise du rythme hebdomadaire de formation des prix ;
- La stabilité des taux sur le marché des changes ;
- La consolidation de la stabilité sur le marché des changes ;
- Le risque d'une inflation importée suite à la flambée des prix des produits alimentaires internationaux ;
- Une légère appréciation de la monnaie nationale notée sur tous les segments du marché des changes ;
- Le ralentissement de l'inflation en glissement annuel ;
- Le ralentissement de l'activité économique, jusque-là moteurs de la croissance de l'économie nationale ;
- Le mauvais comportement des indicateurs pertinents de la conjoncture après la mise en circulation des billets à valeur faciale élevée ;
- Léger repli de la confiance des entrepreneurs dans le développement de la conjoncture ;
- La poursuite de décélération du rythme hebdomadaire de formation des prix ;

- Le stock monétaire et base monétaire en deçà de la programmation ;
- L'interférence du gouvernement dans le choix des instruments de la politique monétaire notamment l'administration des taux d'intérêt et de change ;
- L'obsolescence du cadre légal et incapacité de la Banque Centrale à contrôler les établissements de crédits, des coopératives d'épargne, et des institutions de micro-finance.

5.4. Recommandations

Sans aucune prétention intellectuelle exagérée de notre part, nous recommandons aux autorités monétaires de la République Démocratique du Congo, quelques solutions pour procéder à la réalisation de l'équilibre macro-économique, atténuer les effets négatifs aux tensions sur le marché monétaire. Les autorités monétaires et le gouvernement peuvent en premier lieu palier à l'accélération de la dépréciation de la monnaie nationale et des épisodes de forte inflation voire d'hyperinflation.

Les solutions pratiques résideraient dans la conjugaison de plusieurs stratégies dont les ventilations sont les suivantes :

- ✓ Poursuivre la sensibilisation et l'encadrement des opérateurs économiques dans l'application de la T.V.A ;
- ✓ Reconstituer et conforter le niveau des réserves budgétaires en vue d'augmenter la capacité d'intervention en cas de choc exogène ;
- ✓ Surveiller le comportement du secteur minier en vue de juger de l'orientation des instruments de la politique de change ;
- ✓ Poursuivre la régulation de la liquidité au moyen de la fixation des fourchettes d'appels d'offre qui tiennent compte de la fonction effectuée par le trésor public ;
- ✓ Poursuivre l'observance d'un équilibre permanent entre l'offre et la demande sur le marché de change ;
- ✓ Exécuter les dépenses publiques servant le plan de trésorerie du secteur public tout en évitant des arriérés ;

- ✓ Ne plus émettre les billets à valeur faciale élevée suivant la programmation arrêtée ;
- ✓ Maintenir en équilibre la demande et l'offre des devises ;
- ✓ Se tenir prêt à des achats modérés en cas de proposition d'offres des devises par les banques ;
- ✓ Utiliser rationnellement une partie de l'épargne budgétaire en vue de l'accélération de la réhabilitation des infrastructures ;
- ✓ Poursuivre l'assainissement du plan d'engagement du trésor public en vue d'une meilleure lisibilité de la position de trésor ;
- ✓ Maintenir des épargnes budgétaires au regard des facteurs de risques observés sur le plan mondial ;

La Banque Centrale du Congo doit ralentir ses interventions et favoriser la régulation du marché des changes étant donné le solde des transactions en devises qui reste offreur.

- ✓ Cibler les interventions et favoriser la régulation du marché des changes ;
- ✓ Accélérer des travaux sur les infrastructures qui devraient contribuer à accroître l'offre des produits agricoles ;
- ✓ Reprendre rapidement les négociations avec le FMI en vue de la conclusion d'un nouveau programme avec ce dernier ;
- ✓ Envisager une politique prudente d'achat des devises ;
- ✓ Mener une étude sur la constitution de la réserve obligatoire dans la monnaie de constitution des dépôts.

Il ressort quatre éléments clés à l'issue de nos investigations :

1) Le manque de jointure entre les différents secteurs rend peu efficace la politique monétaire en cas de chocs d'origine externe. Seule la coordination de politique macro-économique (Policy mix) permet la diversification de réponses à des chocs symétriques et asymétriques.
2) La politique monétaire à travers la masse monétaire et le taux d'intérêt directeur de la Banque Centrale du Congo impacte directement le prix à la consommation et le taux de change.

Cependant, le manque de jointure entre les différents secteurs rend quasi-neutres les actions de politique monétaire sur le niveau de consommation de l'individu. La causalité entre les deux variables passe par un mécanisme de marché, c'est-à-dire par un lien stable entre crédit à l'économie et revenu national. Et ce lien ne peut être assuré que par la permanence de l'effort d'assainissement du marché dans le sens de réduire son caractère prépondérant dans l'informel et de lutter contre les mauvaises pratiques (corruption, détournement inefficience dans l'affectation des ressources rares et quasi non renouvelables) et les modes d'allocation inefficiente des ressources (coût de transaction, facilité de faire les affaires, ...)

3) La politique monétaire est efficace quand le choc est d'origine monétaire. Par contre, la politique budgétaire en est en cas de chocs réels. Et en cas de chocs d'origine externe, la combinaison des deux politiques permettrait de préserver la compétitivité de l'économie. Ainsi, une coordination efficiente de politique macro-économique doit chaque fois identifier l'origine des chocs avant la mise en œuvre d'une quelconque action.
4) L'économie est plus sensible au choc de politique monétaire sous forme de modification du taux d'intérêt ou de l'offre de monnaie, plutôt que celui sous forme de vente de B.T.R. Ainsi, une gestion rigoureuse de ces deux premières variables condition de l'efficacité de la politique monétaire. Autrement, ces deux variables ont des effets plus permanents sur l'économie par rapport à l'instrument B.T.R.

Au regard de l'analyse de la décomposition des variables macro-économiques et des simulations faites avec les fonctions d'impulsions des chocs aléatoires, il est possible d'éviter les dérapages dans la gestion de la politique monétaire sous deux hypothèses moins fortes :

- ❖ L'autorité monétaire doit assurer le contrôle optimal des instruments pour lesquels l'économie est très sensible en cas des chocs ;
- ❖ Le contrôle optimal des instruments dont la question dans l'hypothèse moins forte doit être garanti par une coordination efficiente à la MUNDEL. Par conséquent, le risque de dérapages de la politique monétaire ne serait rien d'autre que la violation d'au moins une de ces hypothèses moins fortes. C'est-à-dire tout facteur ou phénomène allant dans le sens d'affecter négativement ces deux hypothèses constitue un vrai risque pour l'efficacité de la politique monétaire.

En économie ouverte, la politique économique a deux objectifs principaux qui sont l'équilibre interne et l'équilibre externe. L'équilibre interne concerne le plein-emploi, la stabilité des prix, la croissance. L'équilibre externe, quant à lui, concerne la balance des paiements. C'est autour de ces deux aspects que seront bâties nos propositions.

Proposition 1 : La maîtrise des tensions inflationnistes en République Démocratique du Congo

Cette première proposition découle directement des résultats que nous avons obtenus à l'issue de l'analyse. Il est question ici de contenir l'inflation dans des proportions compatibles avec un cadre macro-économique stable susceptible d'attirer les investisseurs dans le pays. Il faut éviter les fluctuations incontrôlées du taux d'inflation qui entraînent une incertitude dans l'évolution des prix et débouchent sur une série de distorsions qui peuvent s'avérer dangereuses à long terme sur l'économie. La réalisation de l'objectif de stabilité des prix est l'une des conditions à la viabilité d'un marché financier régional et contribuerait à donner plus de crédibilité à la politique monétaire menée en République Démocratique du Congo. Afin d'éviter les spéculations et les anticipations incontrôlées des agents économiques, il serait mieux que la Banque Centrale du Congo (B.C.C) suive des règles au lieu de suivre des décisions discrétionnaires.

Proposition 2 : La nécessite d'une discipline budgétaire

Le respect des critères de politique monétaire en termes d'endettement public permettra de limiter l'impact négatif de ce dernier sur l'évolution de la croissance économique comme le montrent nos résultats. Ce qui aura aussi pour effet de consolider la stabilité macro-économique congolaise. Par ailleurs, les dépenses publiques peuvent accroître le stock de capital physique et humain et donc avoir une influence positive sur la croissance économique potentielle. Dès lors, réduire ces dépenses serait néfaste pour l'économie car cela engendrerait une baisse du sentier de croissance de l'économie et entraînerait des variations pro-cycliques des politiques budgétaires. D'où le plafond imposé par les critères de politique monétaire peut avoir un effet dépressif sur la croissance. Il est donc préférable de mettre sur pied une règle de déficit public structurel hors des dépenses d'investissement nul (CREEL, LATREILLE et LE CACHEUX, 2002). Autrement, il est question de limiter à zéro le solde budgétaire corrigé des effets conjoncturels plutôt que le solde global. Cette règle est appropriée pour la RDC parce que son solde budgétaire est très sensible aux variations des matières premières sur le marché international.

Proposition 3 : Mener une politique d'accroissement des exportations

L'une des propositions afin de faire entrer les devises dans notre pays la République Démocratique du Congo est de promouvoir les exportations et de limiter les importations. Il faut aussi pouvoir détacher les exportations de l'exclusivité dont jouissent les matières premières. Il faut mettre un accent sur les formations ayant pour but de former une main d'œuvre qualifiée pour la transformation sur place des produits. Mais aussi accélérer l'intégration économique nationale afin d'avoir un marché effectif. A terme, cela doit aboutir à une diversification des exportations à prix compétitif, à la réduction de la trop forte dépendance vis-à-vis de l'extérieur et à renforcer la capacité de l'économie à absorber les chocs exogènes.

Proposition 4 : Consolider l'efficacité de la politique monétaire

La Banque Centrale du Congo devrait en plus de son objectif de stabilité des prix mettre un accent sur le soutien de l'activité économique congolaise. Il faut conforter l'orientation libérale de la politique monétaire avec la libéralisation totale des conditions de banque. Enfin, il faudrait harmoniser les statistiques nationales, notamment avec l'harmonisation de l'indice des prix à la consommation qui permettra de fixer une valeur de référence à l'inflation, mais aussi unifier la politique monétaire par la fixation d'objectifs communs des prix de masse monétaire et de crédits.

CONCLUSION GENERALE

Au terme de l'étude que nous venons d'effectué sur : « l'évaluation des canaux de transmission de la politique monétaire République démocratique du Congo », il nous a paru plausible de présenter la conclusion en ces termes :

L'étude a ainsi tourné autour de la question principale suivante : Comment les modifications des canaux de transmission de la politique monétaire congolaise ont affecté le secteur réel ?

Face à cette problématique, il nous est convenu de souligner que, la manipulation des canaux de transmission de la politique monétaire a agi inefficacement sur l'économie réelle. La politique monétaire appliquée par la Banque Centrale, aurait une faible influence sur la stabilité du taux d'inflation et la croissance économique.

L'objectif poursuivi dans cette étude était d'analyser les incidences de la politique monétaire congolaise à travers ses canaux de transmissions sur l'économie réelle.

Après traitement des données ; les résultats obtenus ont prouvé que, les impulsions de la politique monétaire n'ont exercé que des effets limités sur l'activité réelle.

Pour une augmentation de 1% du taux d'intérêt, nous avons constaté une augmentation de 0,50 de taux d'inflation (en moyenne). Le coefficient de corrélation linéaire prouve qu'il y a eu une très faible corrélation entre le taux d'intérêt et le taux d'inflation. Mais peut-on dire qu'une diminution de taux d'intérêt engendre une diminution de taux d'inflation.

Pour une augmentation de 1% de taux d'intérêt, on a constaté une augmentation de 0,063 du taux de croissance économique (en moyenne). Le coefficient de corrélation, montre qu'il y a eu un faible lien entre le taux d'intérêt directeur et le taux de croissance économique. Pour une augmentation de 1FC (1 franc congolais) de taux de change, nous avons constaté une augmentation de 0,016643 de taux d'inflation (en moyenne).Le coefficient de corrélation prouve une faible corrélation (dépendance) entre le taux de change et le taux d'inflation. Peut-on dire qu'une diminution de taux de change engendrerait une diminution de taux d'inflation.

Pour une augmentation de 1FC (1 franc congolais) de taux de change on a constaté une augmentation de 0,000031 de taux de croissance économique (en moyenne), c'est-à-dire très faible dépendance. Le coefficient de corrélation prouve une très faible corrélation (dépendance) entre le taux de change et le taux de croissance économique. Pour une augmentation de 1% de taux de crédit nous avons constatés une augmentation de taux d'inflation de 0,688107768 (en moyenne).

Cependant le coefficient de corrélation est très forte (on donne souvent pour critère $r > 0,8$) sans qu'il y ait un lien réel entre les deux variables. Pour une augmentation de 1% de taux de crédit, nous avons constaté une augmentation de 0,042150134 de taux de croissance économique (en moyenne).Le coefficient de corrélation prouve qu'il y a eu une dépendance entre le taux de crédit et le taux de croissance économique. Pour une augmentation de 1FC (1 franc congolais) de taux d'inflation, il y a eu une augmentation de 0,071996764 de taux de croissance.

Par contre le coefficient de corrélation $r = 0,84548$ est très fort (on donne souvent pour critère $|r|> 0,8$) sans qu'il y ait un lien réel entre les deux variables.

N.B : La valeur de coefficient de corrélation est à prendre en valeur absolue, c'est-à-dire $|r|> 0,84548$.

Ce qui nous a permis de confirmer nos hypothèses avancées dans l'introduction. La variation des taux d'intérêts directeurs, taux de change et du taux de crédits aurait un impact négatif sur le secteur réel.

Toutefois, quelle que soit la méthode adoptée, le résultat reste le même. La politique monétaire axée sur les canaux de transmission a eu une influence négative sur les variables macro-économiques (inflation et croissance économique). L'inflation a, quant à elle, eu une influence négative et non significative sur la croissance économique. Même si nous rejetons l'hypothèse forte que la politique monétaire axée sur les canaux de transmission a un impact positif direct sur le secteur réel. Les différentes analyses théoriques et les analyses faites dans le cadre de cette étude nous amènent à envisager un impact mitigé de la politique monétaire sur les deux variables macro-économiques choisies dans notre étude.

Les perspectives engendrées par cette étude sont de trois ordres. Au niveau théorique et empirique, cette étude peut conduire à des prises de décisions consensuelles entre la Banque Centrale et le Gouvernement national. Cependant, c'est un apport de plus pour la Banque Centrale en particulier. Pour ce qui est de la recherche, cette étude ouvre de nouveaux horizons au sein de la structure économique congolaise. Il est aussi possible de tester nos résultats en se servant d'une approche différente.

A partir de là, quelques propositions de politiques économiques peuvent être faites. De manière générale, les propositions concernent les deux principaux aspects de la politique économique en économie ouverte, à savoir les relations avec l'extérieur d'une part et les conditions économiques d'autre part. Concrètement, nous proposons une maîtrise des tensions inflationnistes sur toute l'étendue de l'économie nationale. Ensuite, nous suggérons une discipline budgétaire accrue.

Enfin, nous suggérons le renforcement de l'efficacité de la politique monétaire, notamment avec un accent sur le soutien de l'activité économique congolaise.

Il serait intéressant de promouvoir les exportations, afin de faire entrer les devises dans le pays, ce qui permettrait d'assurer une couverture extérieure suffisante de la monnaie émise par la Banque Centrale du Congo. Bien entendu, l'évaluation des canaux de transmission de la politique monétaire congolaise reste à approfondir et à analyser.

BIBLIOGRAPHIE

1. Albert, C., Semedo, G., (1998), « *Fonctions du système financier et croissance endogène* », in Mondialisation, intégration économique et croissance, Nouvelles approches, éd. l'Harmattan, Paris.

2. Allégret, J.P. et le Merrer, B., (2005), « *Les régimes de change dans les marchés émergents Quelles perspectives pour le XXI*[e] *siècle* », Edition De Boeck, Bruxelles.

3. AMF, (2008), « Marchés du crédit », *Autorités des marches financiers*, Printemps, pp. 1 – 12.

4. Artus, P., (1998), « Quel objectif pour une Banque Centrale ? », *Revue Economique*, 49, pp. 643 – 653.

5. Artus, P., (2002), « Pourquoi les taux de change varient-ils tant ? », *Flash CDCIXIS Capital of Economics* , 20, pp. 111 – 135.

6. Artus, P., (2004a), « Peut-on expliquer la réaction des taux de change aux variations des taux d'intérêt ? », *Document de travail*, n°4, Février.

7. Artus, P., (2004b), « Les causes possibles et les effets du décalage entre les mouvements des taux d'intérêt et ceux des taux de change », *Document de travail*, n°2006-461, Novembre.

8. Artus, P., (2006), « Stabilisation de la valeur des actifs ou de l'endettement »: un substitut parfait à la stabilisation de l'inflation si celle-ci a disparu, *Document de travail*, n°9.

9. Artus, P., (2007b), « Taux d'intérêt, prix des actifs risqués et choix de portefeuille », *Document de travail*, n°18, Août.

10. Artus, P., (2007c), « Les banques centrales doivent-elles annoncer à l'avance leurs décisions futures ? », *Document de travail*, n°2007-21, Octobre.

11. Artus, P., (2007d), « Peut-on comprendre pourquoi la variabilité de la production, de l'inflation, des taux d'intérêt a beaucoup baissé, et pas celle des prix des actifs », *Document de travail*, n°23, Novembre.

12. Aubier, M. et Cherbonnier, F., (2007), « L'accès des entreprises au crédit bancaire », *Trésor – Eco,* n°7, pp. 1 – 8.

13. Avom, D., (1999), « Intégration monétaire préalable ou résultat de l'intégration économique : le cas des pays de la CEMAC », Thèse de doctorat (N.R), Université lumière Lyon 2, LYON.

14. Avom, D., (2006a), « La BEAC en marche vers son indépendance : des évolutions institutionnelles remarquables », in Economic de l'Afrique Centrale 2006, *Maison neuve*, Paris, pp. 137-144.

15. Ayadi, R., De Lima, P., Pujals, G., (2002), « Les restrictions bancaires en Europe », *Revue de l'OFCE,* Hors série, Mars.

16. Banque centrale du Congo (BCC) : Condensés statistiques d'information statistique 2008, 2009, 2010, 2011, 2012.

17. Banque centrale du Congo (BCC) : Mise en circulation des nouvelles coupures à valeur faciale adoptée, faire aux questions, DG : PM & OB, BBK – AMK, Kinshasa juin 2012, ALAIN MATALA ET BOBO B. KABUNGU.

18. Banque centrale du Congo (BCC) : Rapport annuel 2008, 2009, 2010, 2011, 2012.

19. Banque de France, (2005), Rapport annuel de la Zone Franc 2005, Secrétariat du Comité Monétaire de la Zone Franc.

20. Barriere, C. (1977), « *Crise du système de crédit et capitalisme monopoliste d'Etat* », Economica, Paris, pp. 518 – 530, Août.

21. Baumel, L., Sevestre, P., (1997), « La relation entre le taux des crédits et le coût des ressources bancaires », *Banque de France, Octobre.*

22. BCE, (2008b), « Le rôle des banques dans le mécanisme de transmission de la politique monétaire », *Bulletin mensuel de la BCE*, août, pp. 85 – 98.

23. BCE, (2009d), « La mise en œuvre de la politique monétaire depuis août 2007 », *Bulletin mensuel de la BCE*, juillet, pp. 77 – 91.

24. BCE, (2009e), « Evolutions récentes de la transmission aux taux bancaires des modifications de taux directeurs dans la zone euro », *Bulletin mensuel de la BCE*, août, pp. 93 – 105.

25. BCE, (2009f), « La politique monétaire et l'offre de prêts dans la zone euro », *Bulletin mensuel de la BCE*, octobre, pp. 63 – 80.

26. BEAC (2002), « Colloque du trentième anniversaire de la BEAC », 21 novembre, Libreville.

27. BEAC (2007), *Statuts.*

28. Bedue, A., Levy, N., (1997), « Relation banque-entreprise et coût du crédit », *Revue d'Economie Financière*, février, pp. 179 – 200.

29. BekoloEbe, B.,(2001), « La nouvelle politique monétaire de la zone franc depuis1990 :Evolution, caractéristiques et fondements théoriques depuis la fin des années 80 », communication au colloque international G .W. Ngango, Yaounde, Février.

30. Bentoglio, G., Guidoni, G., (2009), « Les banques centrales face à la crise », *Revue de l'OFCE*, n°110, pp. 291 – 333.

31. Bernard, E (2000), « Développement financier, politique monétaire et croissance économique : Validation empirique en données de Panel », WorkingPaper, n°2/00, Université d'Orléans.

32. Berthelemy, JC., Varoudakis,A.,(1998), « Développement financières, reformes financier et croissance :une approche en données de panel », Revue « économique , n°49-1,pp194-206.

33. Bizimana, O., Eluere, O., [2008], « France : quasi-récession et freinage du crédit (côté demande et côté offre) », *Direction des Etudes économiques du Crédit Agricole* n°18, octobre, pp. 1 – 8.

34. Black, R., Coletti, D., Monnier, S.,(1998), « Les coûts et avantages de la stabilité des prix », Price Stability, Inflation Targets and Monetary policy, Proceding of a conference held by the Bank of Canada, May 1997, pp. 325-368.

35. Blot, C., Cochard, M., Le Bayon, S., Plane, M., Schweisguth, D., (2007), « Des équilibres instables », *Revue de l'OFCE*, n°101, avril, pp. 165-191.

36. Blot, Ch., Le Bayon, S., Lemoine, M., Levasseur, S., (2009), « De la crise financière à la crise économique : une analyse comparative France-Etats-Unis », *OFCE*, n°110, pp. 255-281.

37. Bourbonnais, R., (2000), « Econométrie », 3è édition, Dunod, Paris.

38. Bouveret, A., Brahmi, A., Kalantzis, Y., Olmedo, A., Sorbe, S., [2009], « Politiques monétaires non conventionnelles : un bilan », *Trésor-Eco*, n°56, avril, pp. 1-8.

39. Bradley, X., Descamps, C., (2005), *Monnaie banque financement*, Paris, Dalloz.

40. Bruno, O., Musso, P., (2000), « Volatilité de l'inflation et croissance économique, *Revue économique*, vol.51, n°3.

41. Cantillon, R., (1755), « *Essai sur la nature du commerce en général* », traduit de l'anglais à Londres chez Fletcher Gyles dans Holborn, 430p.

42. CEMAC (2001), Intégration économique en Afrique Centrale, Toile de fond historique et économique.

43. CEMAC, (2005), Rapport intérimaire d'exécution de la surveillance multilatérale pour l'année 2005 et perspectives pour l'année 2006, Novembre.

44. Chaîneau, A., (1995), « *Mécanisme et politique monétaire », Edition Quadrige/P.U.F, Bordeaux.*

45. Claude, J., Labrousse, C., Vitryn D., (2001), « Dictionnaire des Sciences Economiques », P.U.F., avril, Paris.

46. Cysne, R., P., (2006), « An intra-household approach to the welfare costs in inflation», Etudes économiques, vol. 36, n°3, pp. 593-609, Juillet/ Septembre, Sao Paulo.

47. De Boissieu, C., (2002), « Les mécanismes de transmission de la politique monétaire dans une union économique et monétaire », Symposium du quatrième anniversaire de la BCEAO.

48. De Morgues, M., (1988), « *La monnaie système financier et théorie monétaire* », 3e édition, Paris.

49. Dornbush, (1976), *Taux de change et politique monétaire sensibilité du taux de change aux chocs monétaires et budgétaires.*

50. Dramani, L., Diack Ly, B., Ndiaye Diouf, D., (2007), « Transmission de la politique monétaire au secteur réel au Sénégal », Agence Nationale de la Statistique et de la Démographie, Novembre, Dakar.

51. Durand, J.J., Payelle, N., (1998), « Règles de politique monétaire et objectif de PIB nominal : Application au cas français », *Revue économique*, vol. 49, n°3, pp. 665-675.

52. Fouda, S.M., (2005), « Indépendance de la banque centrale et inflation dans les pays africains subsahariens: existe-t-il une relation ? », *Saving and Development.*

53. Friedman, M., (1968), « Le rôle de la politique budgétaire », The American EconomicReview, vol. LVIII.

54. Gankou, J.M., BondomaYokono, D., (1996), *La politique de change des pays africains de la zone franc : évolution récente et perspectives*, Centre de Recherche sur le Développement, Université de Neuchâtel, EDES Neuchâtel.

55. Guillaumont, P., Guillomont, S., (1984), « *Zone franc et développement africain* », Economica, Paris.

56. Hay, M., (2000), « Banques et croissance : examen critique et analyse en données de panel », papier présenté aux 17è journées internationales d'économie monétaire et bancaire, Lisbonne, 7-8 et 9 juin, 2000.

57. Keynes, J., M., (1936), « *Théorie de l'Emploi de l'intérêt et de la monnaie* », version française de Jean de Lavergentaye (1977), Editions Payot, Paris.

58. Kobou, G., (2002), "Les sources de la croissance économique au Cameroun", Africaneconometric society 10thannualconference on econometricmodeling in Africa.

59. Koné, S., (2000), l'Impact des politiques monétaire et budgétaire sur la croissance dans les pays de l'UEMOA, Document d'étude et de recherché n0509, BCEAO, Décembre.

60. Lavigne, A., Villieu, P., (1992), « La politique monétaire, nouveaux enjeux, nouveaux debats ? », *Revue d'économie politique,* 106(4) juillet-août, pp. 491-561.

61. MallayeDouzounet, (2009), Réformes monétaires et croissance économique en zone CEMAC, *Munich PersonalRePec Archive Paper*, n°19621, Décembre, 2009.

62. Mankiw, G., (2003), Macro-économie, 2è édition, traduction de l'édition américaine par Jean Hiuard.

63. Mignon, V., (2004), « Test de racine unitaire et Co-intégration sur données de panel »: une revue de la littérature, *Journal of economic littérature.*

64. Mishkin, S.F., (1996), « Les canaux de transmission monétaire : typologie et mesure », *Bulletin de la banque de France.*

65. Monga, C., Tchatchouang, JC., (1999), « *Sortir du piège monétaire »,* Economica.

66. Nubukpo, K., K., (2002), L'impact de la variation des taux d'intérêt directeurs de la BCEAO sur l'inflation et la croissance dans l'UMOA.

67. Okah – Atenga, X., E., (2005), « Les institutions financières de la zone CEMAC », Presses universitaires de Yaoundé, Cameroun.

68. Ondo Ossa, A., (2005), « Effets anti-keynésiens et Ajustement (les cas de la zone CEMAC) », *Economie et Gestion,* n° spécial.

69. Ouellet, E., (2005), « *Guide d'économétrie appliqué pour stata 8* », université de Montréal, Canada.

70. Paquier, O., (1994), « Les effets de la politique monétaire sur l'activité passent-ils par le canal du crédit », *Revue française d'économie,* Vol. 9, n°2, pp. 71-104.

71. Plihon, D., (2000), « *La monnaie et ses mécanismes* », Edition La Découverte, collection Repères, Paris.

72. Rajhi, T., Villieu, P., (1993), « Accélération monétaire et croissance endogène », Revue économique, n°44-2, Mars, pp. 257-285.

73. Sarr, Dingui, (2000), « Transmission de la politique monétaire: cas de la côte d'ivoire », à paraître.

74. Smith, A., (1176), « *Recherches sur la nature et les causes de la Richesse des Nations* », traduction française de Garnier Germain 1981, à partir de l'édition revue par Blanqui Adolphe en 1843 ; document produit en version numérique par Jean-Marie Tremblay, dans le cadre de la collection, les classiques des sciences sociales, en collaboration avec la bibliothèque Paul Emile Boulet de l'université du Québec à Chicoutimi.

75. TchuindjangPouemi, J., (1979), « *Monnaie, servitude et liberté, la répression monétaire de l'Afrique* », Edition Jeune Afrique.

76. Touna Mama, (1999), « Libéralisation de l'économie, dynamique de l'informel et lutte contre la pauvreté au Cameroun », *Dialectiques Economiques,* Université Neuchâtel EDES.

77. Vedel, C., (1995), « *Théorie monétaire internationale, les modèles de base* », Economica, Paris.

78. Vinay, B., (1969), « *Economie monétaire* », Armand Colin, Paris.

SOURCES INTERNET

- http://www.uqac.uquebec.ca/Classiquesdessciencessociales/index.html.
- http://Portail:txt/stvw.aspx?LstlD=b34e08d8-c3dc-4b77-928b-b4bff02f8515 du 24/01/2013.
- http://www.beac.int
- http://www.gethy.edu
- http://www.lexilogos.com
- http://www.stats.uis.unesco.org

TABLE DES MATIERES

Structures éditoriales du groupe L'Harmattan

L'Harmattan Italie
Via degli Artisti, 15
10124 Torino
harmattan.italia@gmail.com

L'Harmattan Hongrie
Kossuth l. u. 14-16.
1053 Budapest
harmattan@harmattan.hu

L'Harmattan Sénégal
10 VDN en face Mermoz
BP 45034 Dakar-Fann
senharmattan@gmail.com

L'Harmattan Cameroun
TSINGA/FECAFOOT
BP 11486 Yaoundé
inkoukam@gmail.com

L'Harmattan Burkina Faso
Achille Somé – tengnule@hotmail.fr

L'Harmattan Guinée
Almamya, rue KA 028 OKB Agency
BP 3470 Conakry
harmattanguinee@yahoo.fr

L'Harmattan RDC
185, avenue Nyangwe
Commune de Lingwala – Kinshasa
matangilamusadila@yahoo.fr

L'Harmattan Congo
67, boulevard Denis-Sassou-N'Guesso
BP 2874 Brazzaville
harmattan.congo@yahoo.fr

L'Harmattan Mali
Sirakoro-Meguetana V31
Bamako
syllaka@yahoo.fr

L'Harmattan Togo
Djidjole – Lomé
Maison Amela
face EPP BATOME
ddamela@aol.com

L'Harmattan Côte d'Ivoire
Résidence Karl – Cité des Arts
Abidjan-Cocody
03 BP 1588 Abidjan
espace_harmattan.ci@hotmail.fr

L'Harmattan Algérie
22, rue Moulay-Mohamed
31000 Oran
info2@harmattan-algerie.com

L'Harmattan Maroc
5, rue Ferrane-Kouicha, Talaâ-Elkbira
Chrableyine, Fès-Médine
30000 Fès
harmattan.maroc@gmail.com

Nos librairies en France

Librairie internationale
16, rue des Écoles – 75005 Paris
librairie.internationale@harmattan.fr
01 40 46 79 11
www.librairieharmattan.com

Librairie l'Espace Harmattan
21 bis, rue des Écoles – 75005 paris
librairie.espace@harmattan.fr
01 43 29 49 42

Lib. sciences humaines & histoire
21, rue des Écoles – 75005 paris
librairie.sh@harmattan.fr
01 46 34 13 71
www.librairieharmattansh.com

Lib. Méditerranée & Moyen-Orient
7, rue des Carmes – 75005 Paris
librairie.mediterranee@harmattan.fr
01 43 29 71 15

Librairie Le Lucernaire
53, rue Notre-Dame-des-Champs – 75006 Paris
librairie@lucernaire.fr
01 42 22 67 13

www.ingramcontent.com/pod-product-compliance
Lightning Source LLC
LaVergne TN
LVHW050652051026
849532LV00002B/619
* 9 7 8 2 3 4 3 1 9 5 6 9 8 *